Cordula Weidenbach, Jahrgang 1974, lebt mit ihrem Mann, einer 15-jährigen Tochter und einem 14-jährigen Sohn in München. Seit Jahren verfolgt sie fasziniert, wie Kinder ihrem ganz besonderen Blick auf die Welt Ausdruck verleihen, und sammelt deren schönste Aussprüche und Zettel in Familie, Bekanntenkreis, sozialen Netzwerken, Kindergärten, Schulen und auf Spielplätzen.

Cordula Weidenbach
unter Mitwirkung von Sabine Rottmann

Papa, wie ist dein Ei Fon Kot?

Die besten Kinderzettel

WILHEM HEYNE VERLAG
MÜNCHEN

Quellen

Die meisten Zettel stammen von Kindern aus dem Bekanntenkreis, andere wurden in Schulen, Kindergärten oder an Straßen-
laternen gesammelt, wieder andere kommen aus dem Internet.
In Fällen in denen das jeweilige Kind unbekannt war oder anonym
bleiben sollte, wurden fiktive Namen verwendet. Falls der Zettel
nicht mehr vor dem Originalhintergrund fotografiert werden
konnte, wurde die Szenerie nachgestellt.

Sollte diese Publikation Links auf Webseiten Dritter enthalten,
so übernehmen wir für deren Inhalte keine Haftung, da wir uns
diese nicht zu eigen machen, sondern lediglich auf deren Stand
zum Zeitpunkt der Erstveröffentlichung verweisen.

Verlagsgruppe Random House FSC® N001967

Originalausgabe 09/2020

Copyright © 2020 by Wilhelm Heyne Verlag, München,
in der Verlagsgruppe Random House GmbH,
Neumarkter Straße 28, 81673 München
Umschlaggestaltung: Hauptmann & Kompanie Werbeagentur,
Zürich, unter Verwendung eines Fotos von Cordula Weidenbach
Satz: Satzwerk Huber, Germering
Druck und Bindung: Těšínská Tiskárna, a. s., Český Těšín
Printed in the Czech Republic
ISBN: 978-3-453-60543-5

www.heyne.de

Inhalt

Vorwort

Die erste schriftliche Notiz des eigenen Kindes ist ein Meilenstein. Plötzlich kann der Nachwuchs lesen und schreiben! Eine völlig neue Art der Kommunikation ist nun möglich. Kinder nutzen die schriftliche Form der Verständigung noch ganz ohne Scheu, frei wie es ihnen in den Sinn kommt, gnadenlos ehrlich und ohne Rechtschreibkorrektur.

Papa erhält zum 35. Geburtstag eine Karte mit dem tröstlichen Inhalt, dass er geliebt wird, auch wenn er alt ist, der Nikolaus wird brieflich informiert, dass der Bruder nervt und deshalb kein Geschenk verdient hat und der Fußballtrainer darf sich nach der Mannschaftsaufstellung über die schriftliche Kündigung eines Achtjährigen wundern.

Dem Charme solcher Kinderbotschaften kann man sich kaum entziehen. Diese einmaligen Schriftstücke zeigen, mit welcher Unbefangenheit Kinder ihre Meinung kundtun, ihr Herz ausschütten oder ihrer Wut Ausdruck verleihen. In unserer digitalisierten Welt bekommen solche handgeschriebenen Kritzelnachrichten eine ganz besondere Bedeutung und sind wahre Alltagsschätze.

Wer sich mit der teilweise etwas ungewöhnlichen Schreibweise der Kleinen schwertut, dem sei empfohlen, das jeweilige Schriftstück laut vorzulesen, so erschließt sich meist besser, was gemeint ist, da Kinder oftmals nach dem Gehör schreiben.

Wir hatten unglaublich viel Freude an den unterschiedlichen Mitteilungen der kleinen und größeren Kinder und wünschen allen Leserinnen und Lesern mindestens genauso viel Spaß beim Stöbern in dieser Zettelwirtschaft!

Cordula Weidenbach und Sabine Rottmann
München, im September 2020

Familienleben

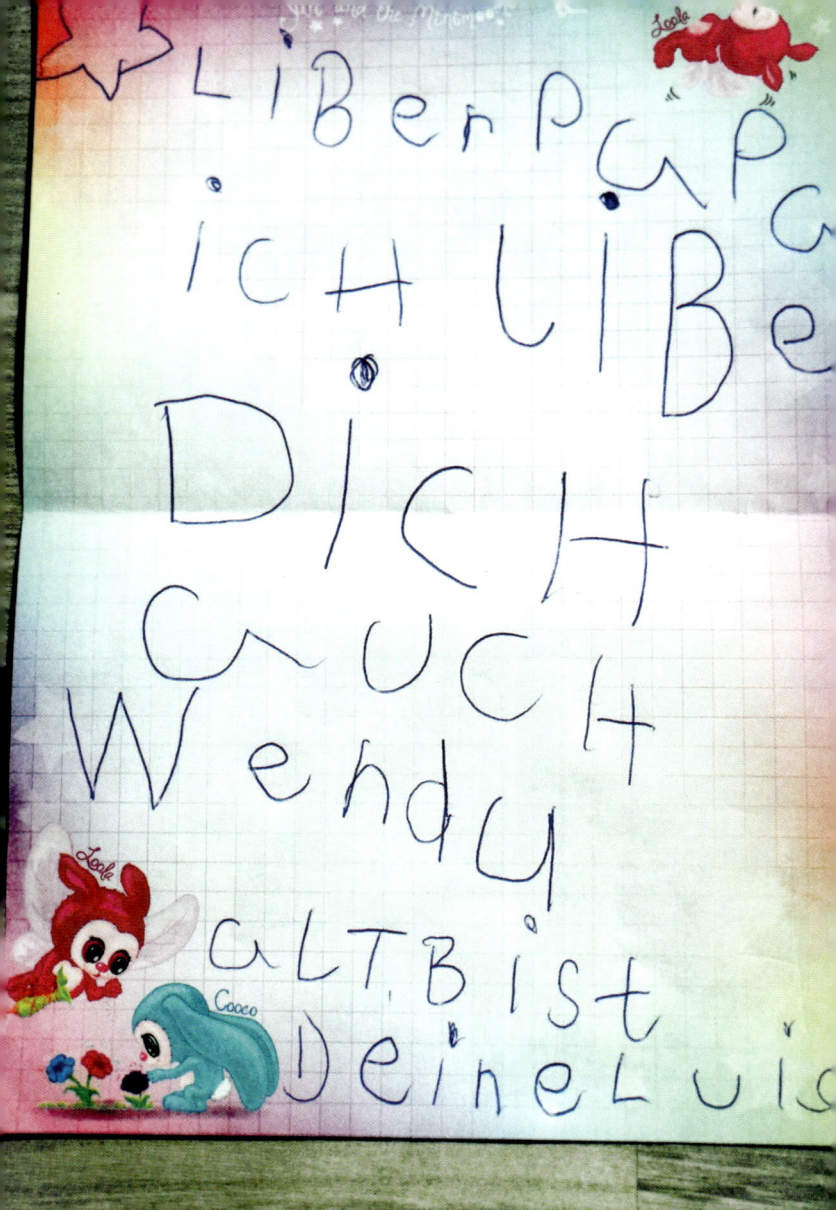

LIBER PAPA
ICH LIBE
DICH
AUCH
Wendy
ALT BIST
Deine Luis

Zu Papas 35. Geburtstag, Luisa, 6 Jahre

Hallo Mama
Ich finde das
du die beste
mama bist.
Auch in
brenns lichen
sitterschonen

Mama ist in jeder Situation toll. Paula, 8 Jahre

Der Familiendienst fürs Wochenende wird eingeteilt.
Was übernimmt Marie, 6 Jahre?

Erfreuliche Nachrichten von Patricia, 12 Jahre

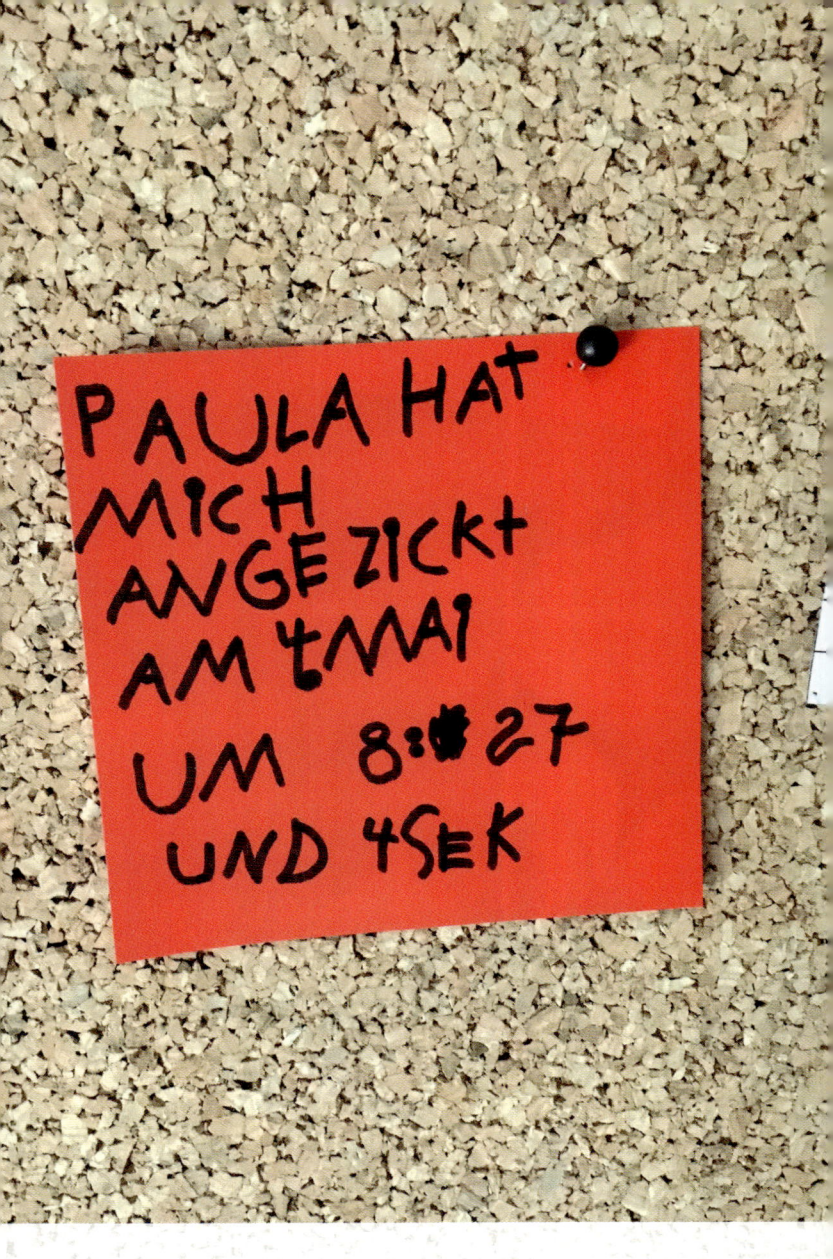

Carlotta, 8 Jahre

Liebe Mama,

vonmiraus konnt ihr euch

für mich Pflegeeltern

sachen. Aber ich kam...

auch auf den Dachboden

zie en. Es tut mir leid.

Darf ich jetzt zu

Pauline? Ich hab dich

Lieb, aber wenn du

mich nicht kann ich

dich nicht zwingen. Verzeist

du mir? Nelly

Nelly, 9 Jahre

Heute wird mal Mama umsorgt. Anna und Paula, 12 Jahre

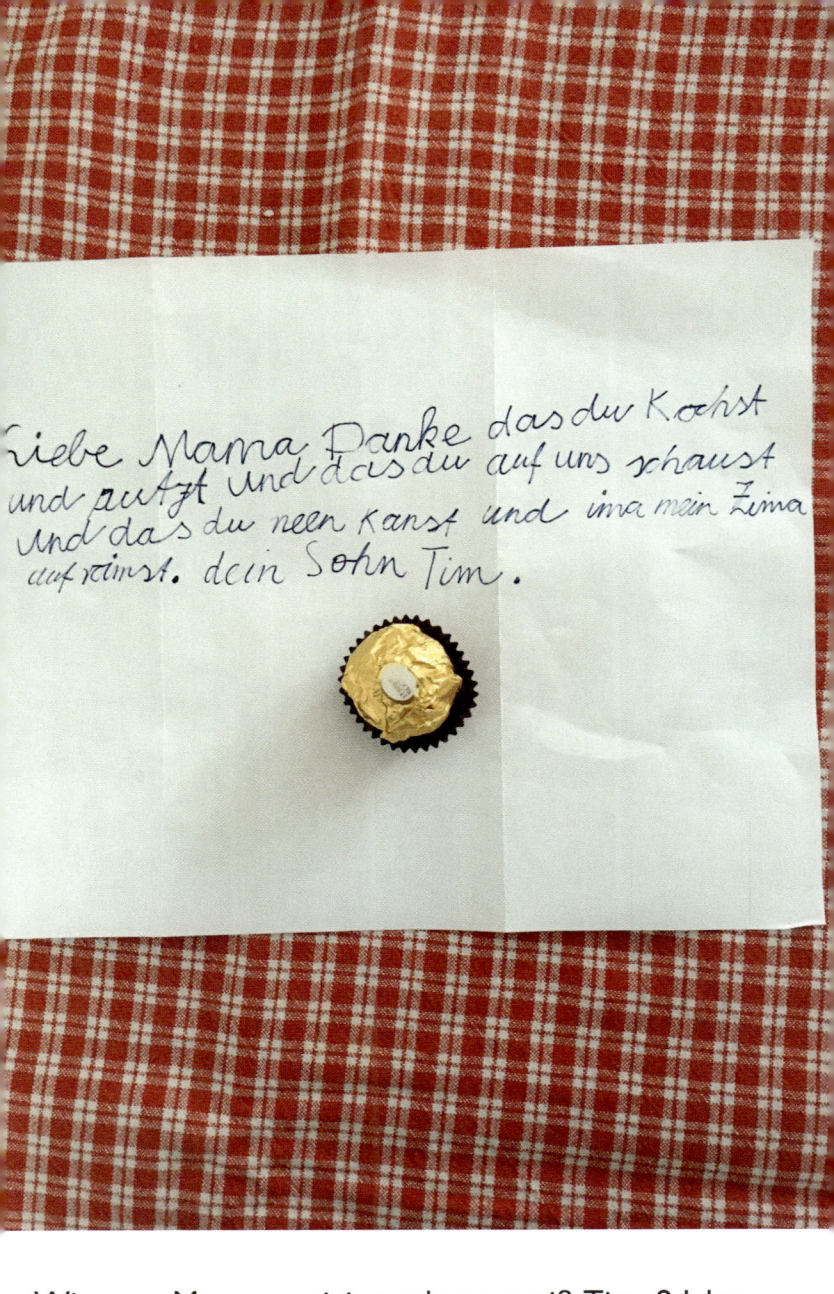

Liebe Mama Danke das du Kochst und autzt und das du auf uns schaust und das du neen kanst und ima mein Zima aufräumst. dein Sohn Tim.

Wie man Mama motivieren kann, weiß Tim, 9 Jahre.

mein Papa ist der Be...
aber manchmal ist
auch ein Arsch

Nach einem Monopolyspiel, Richard, 8 Jahre

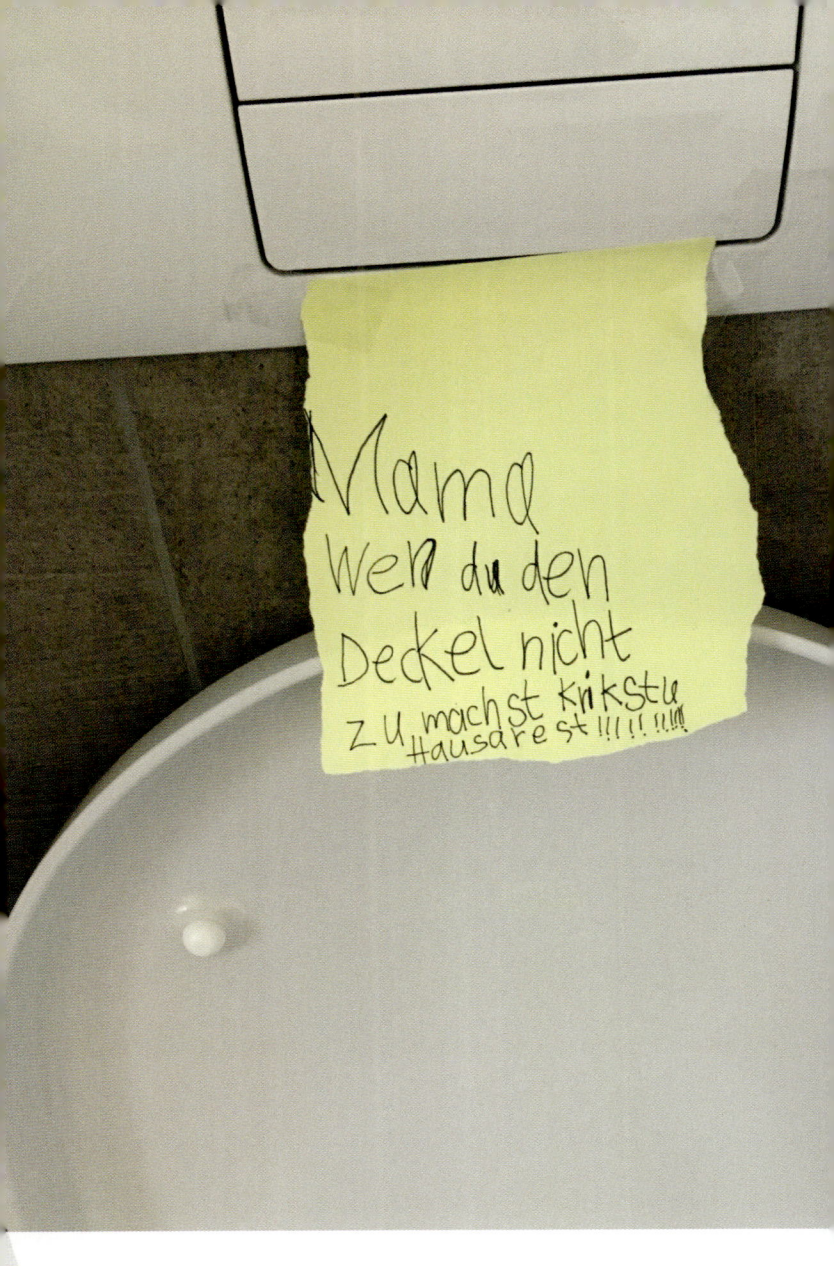

Mama muss noch viel lernen. Léa, 7 Jahre

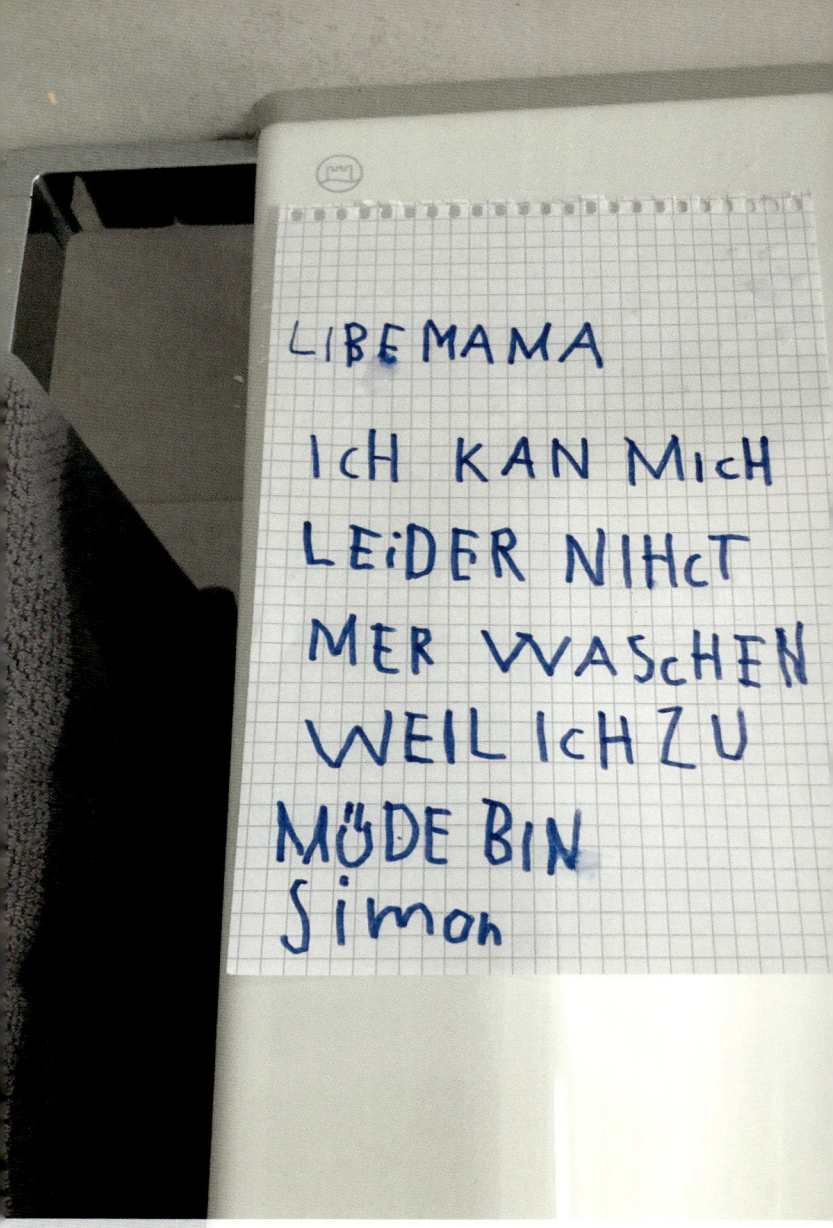

Simon, 7 Jahre

Wenn ich mein Zimmer aufräumen muss, bist du nicht mehr meine Lieblingsmama!

Mama muss sich entscheiden. Linus, 9 Jahre

Immer nach dem halben Film ins Bett!
Cleo, 8 Jahre, reicht's.

ch bin Schtinke sauer!!!)
ch muss ins Bett weill ihr
mich nicht mögt oder.?

bi77e bi77e
Mama, Papa

Ob es nützt, die Mitleidskarte zu ziehen?
Alina, 7 Jahre

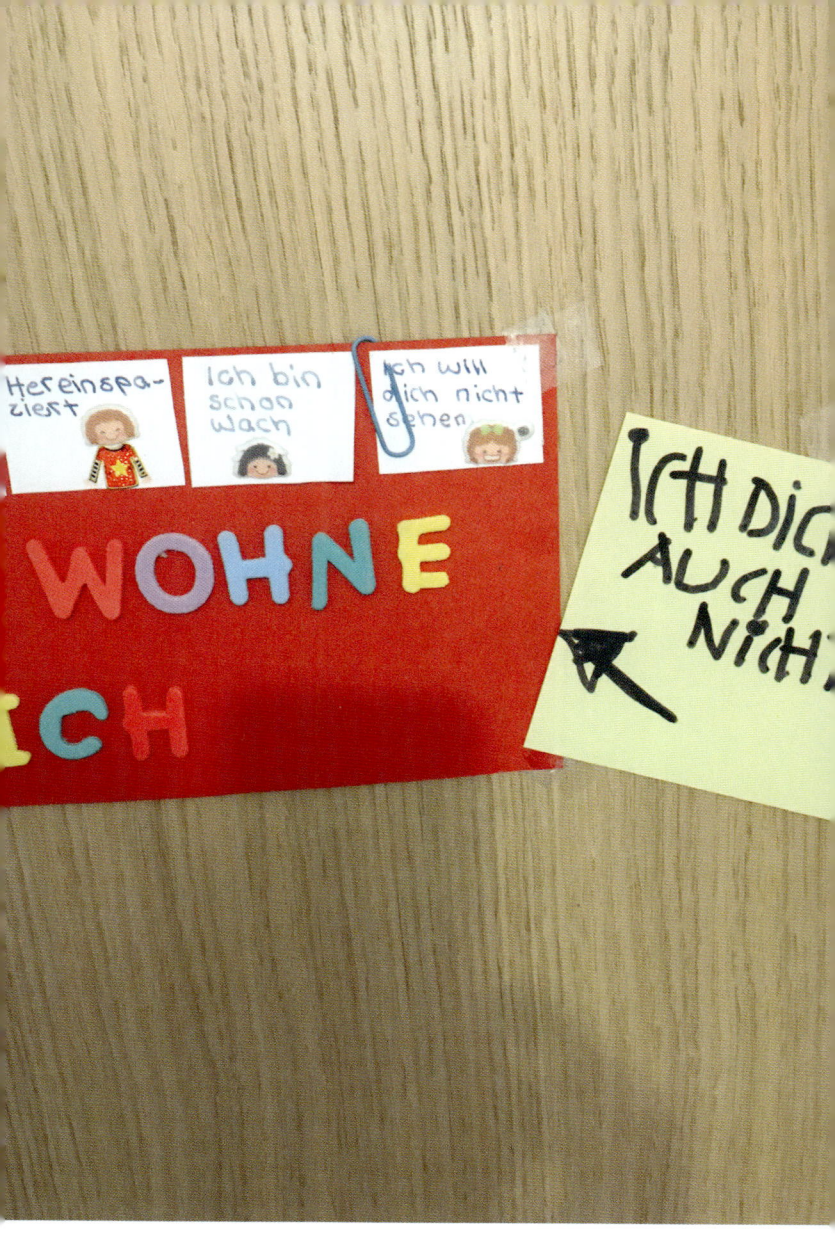

Einigkeit unter Geschwistern,
Marlene, 10 Jahre und Fiona, 6 Jahre

Warnungen

Sonderregeln für die große Schwester, Jonna, 9 Jahre

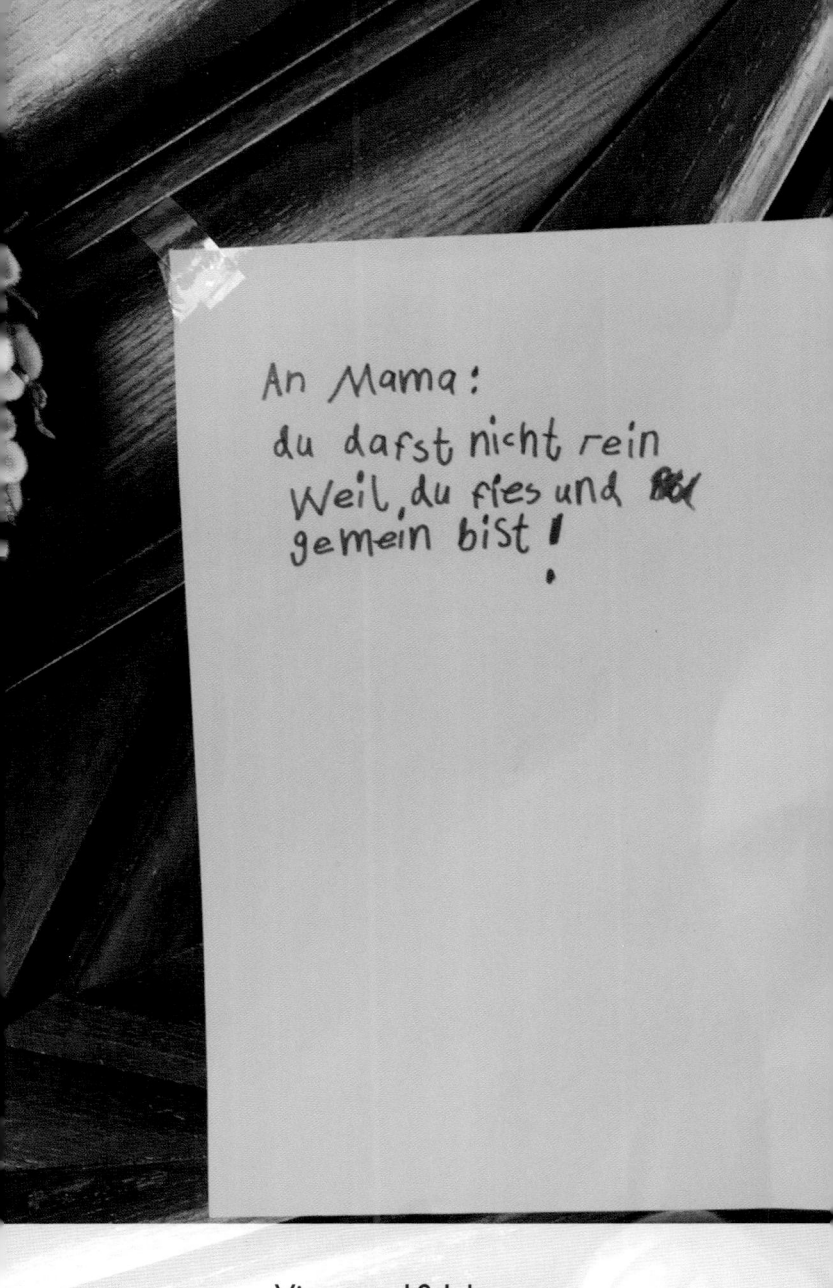

An Mama:
du dafst nicht rein
Weil, du fies und ~~fies~~
gemein bist!

Vincent, 10 Jahre

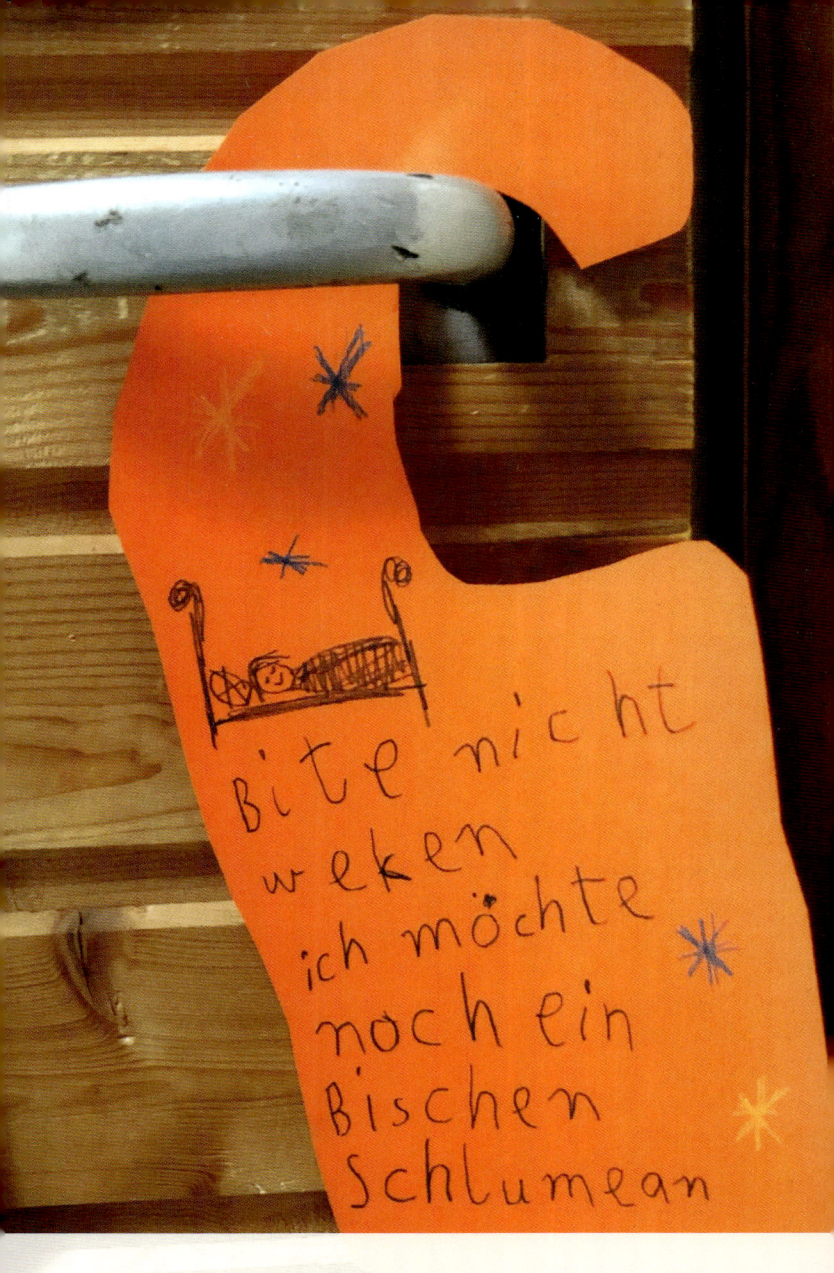

Bite nicht weken ich möchte noch ein Bischen Schlumean

Clemens, 8 Jahre

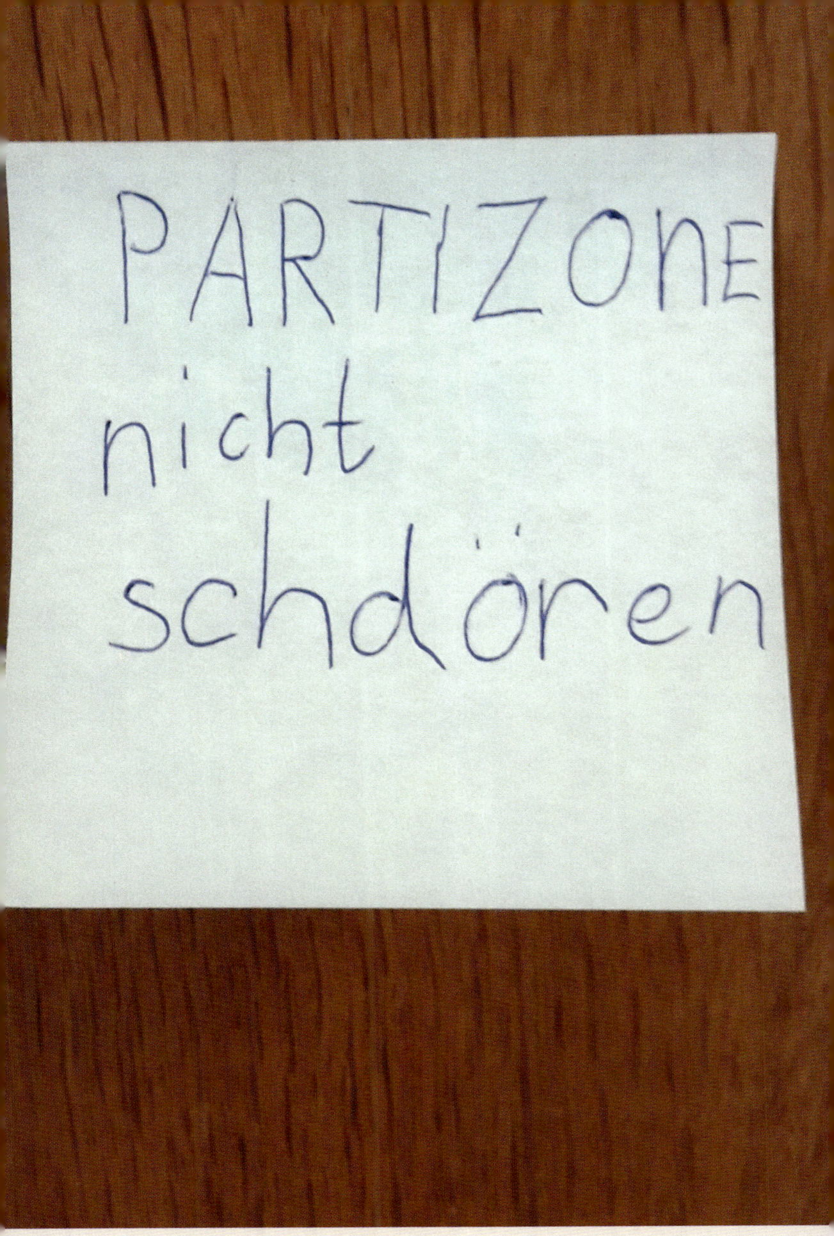

PARTIZONE
nicht
schdören

Topfschlagen ist öde, findet Melina, 6 Jahre.

Das »OK« wird unter der Tür durchgeschoben.
Sara, 9 Jahre

Warnung aus dem Chemielabor, Hugo, 7 Jahre

Kinder haften für ihre Eltern. Mattis, 6 Jahre

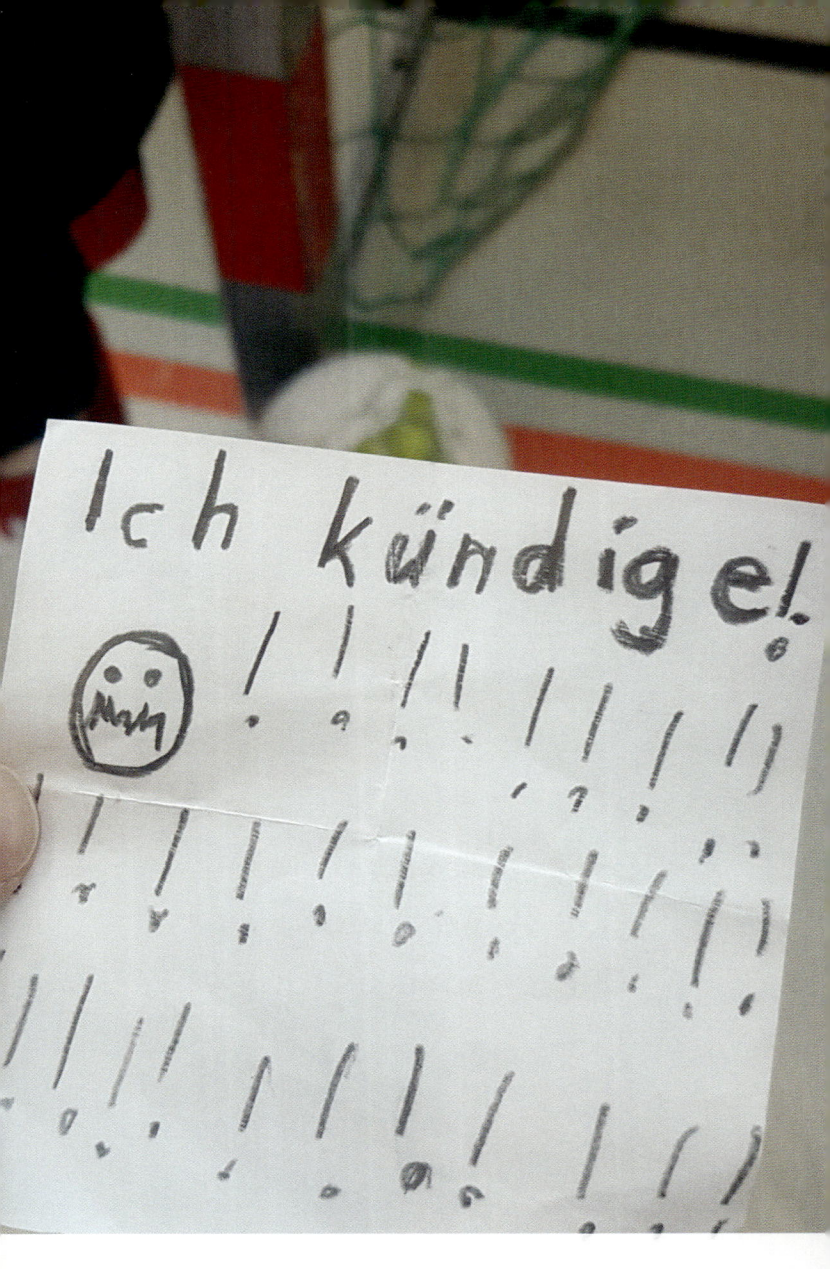

Unzufrieden mit der Mannschaftsaufstellung!
Dem Trainer überreicht von Jonas, 8 Jahre

MEIN TAGEBUCH

WER DAS LIEST, DEN HASSE ICH

Damit meine ich,
dich Paula, Mama,
Papa oder dich, Unbekannter!

Top Secret! Anna, 12 Jahre

Faire Warnung von Mattis, 6 Jahre

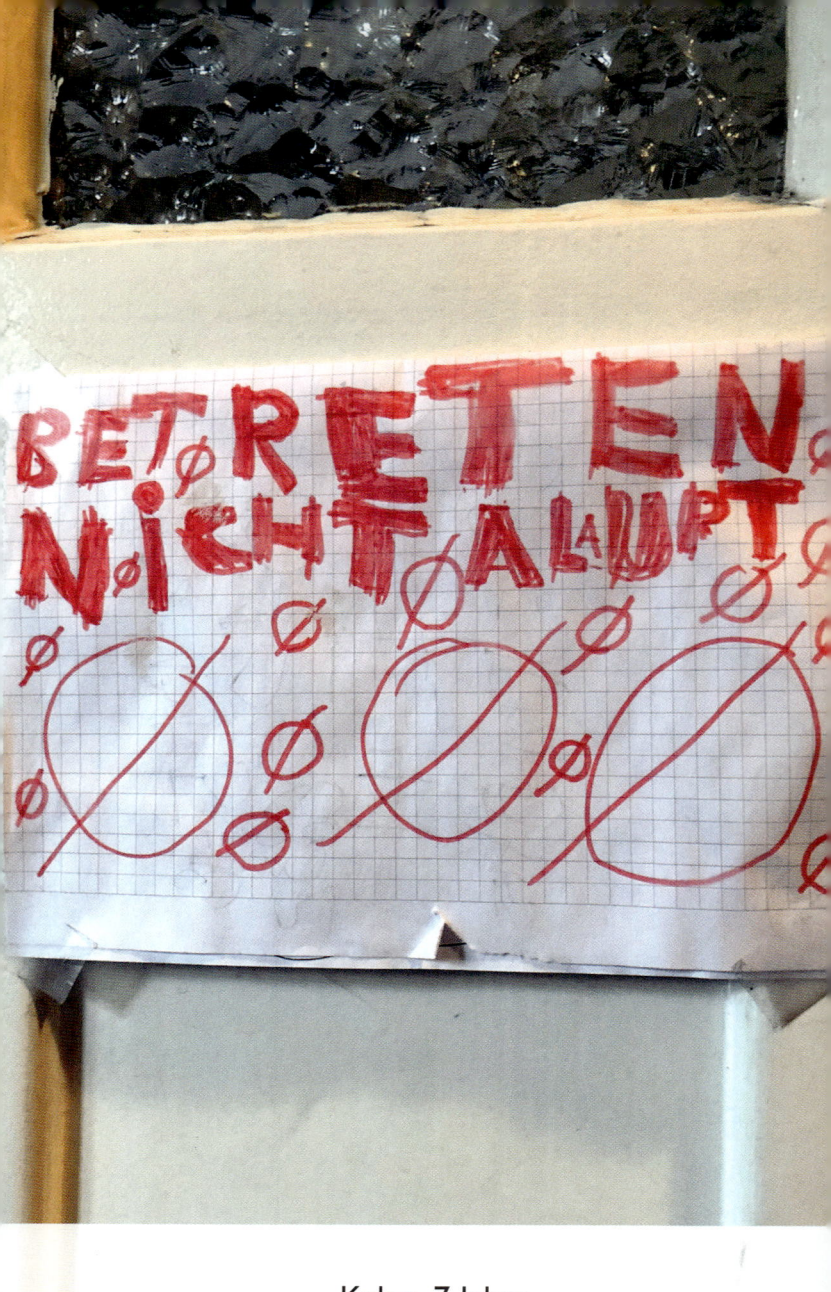

Kalea, 7 Jahre

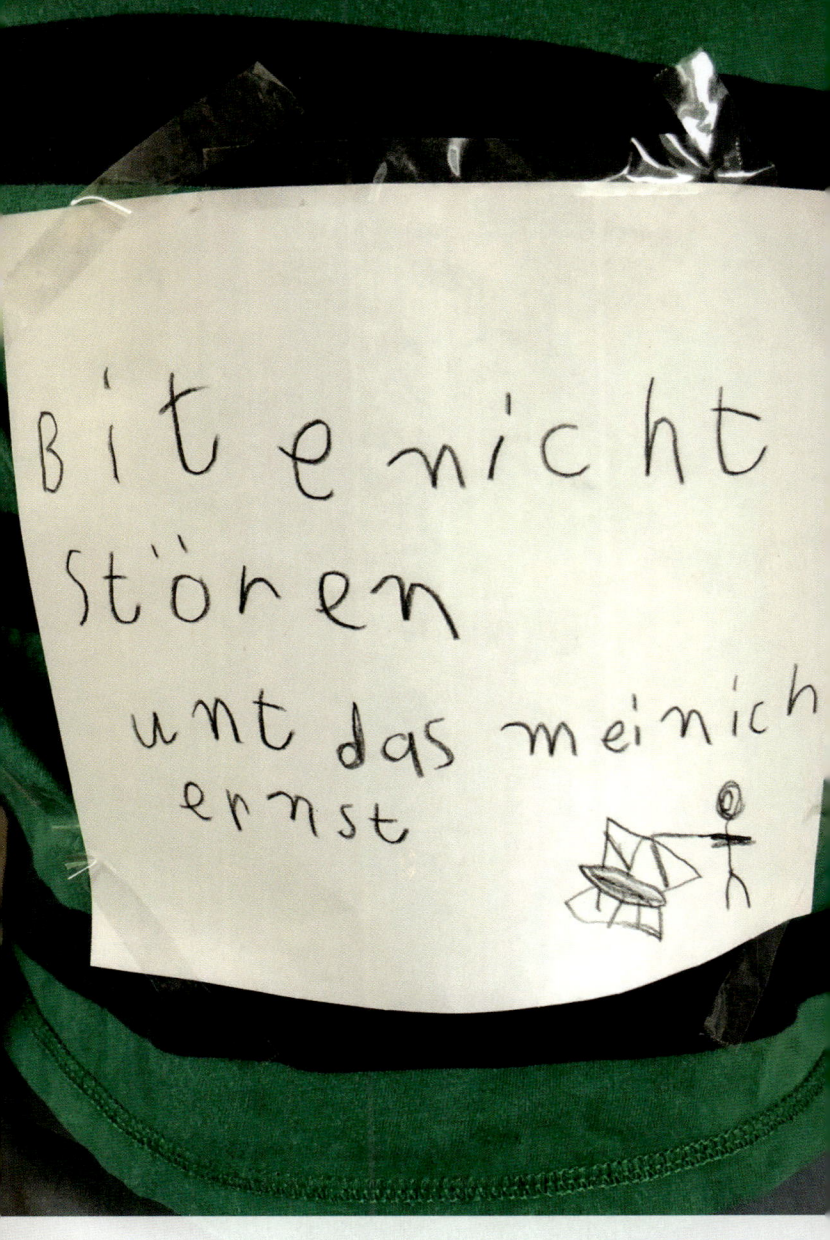

Am T-Shirt klebt, für alle sichtbar, die Forderung von Lucas, 6 Jahre.

Hochsicherheitstrakt bei Linus, 8 Jahre

Theresia, 7 Jahre

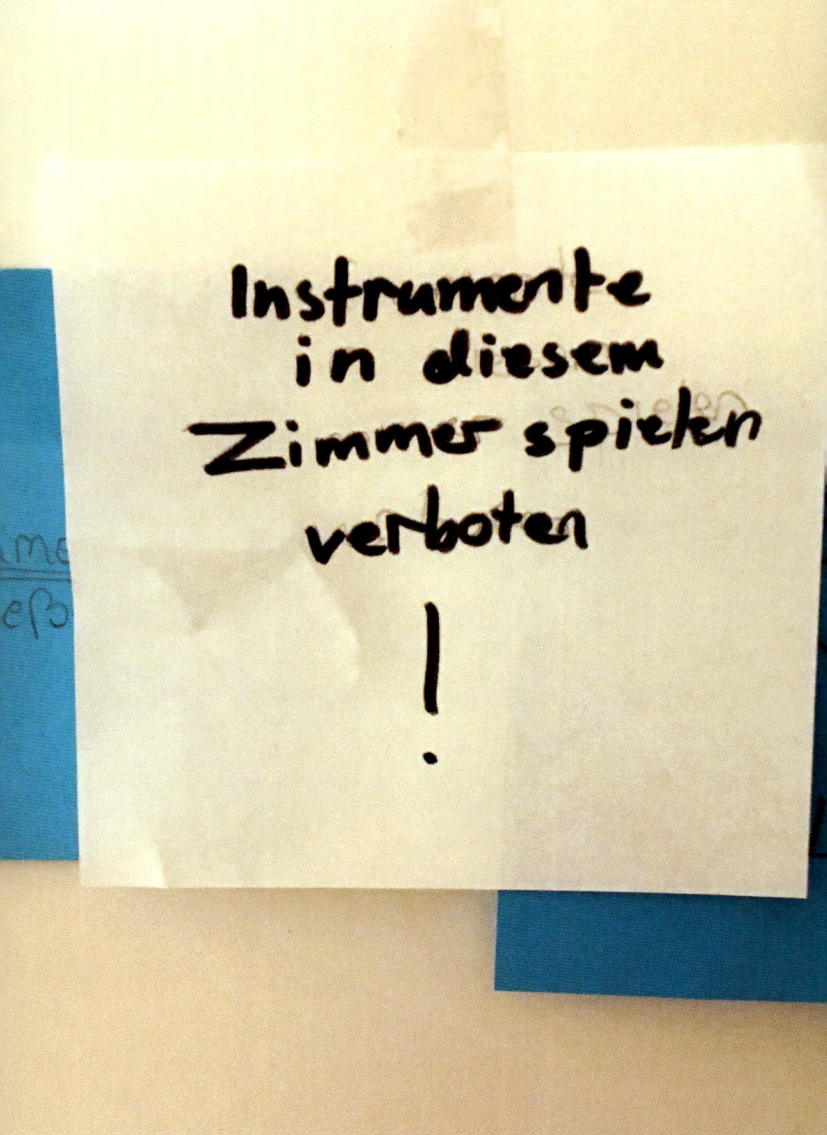

Flucht vor dem Blockflötenterror der kleinen Schwester.
Selina, 12 Jahre

Pflanzen und Tiere

Achtung
Akresita
Hund!

Lia

Keine Chance für Einbrecher, Lia, 7 Jahre

Ein Blumenfreund, Onno, 7 Jahre

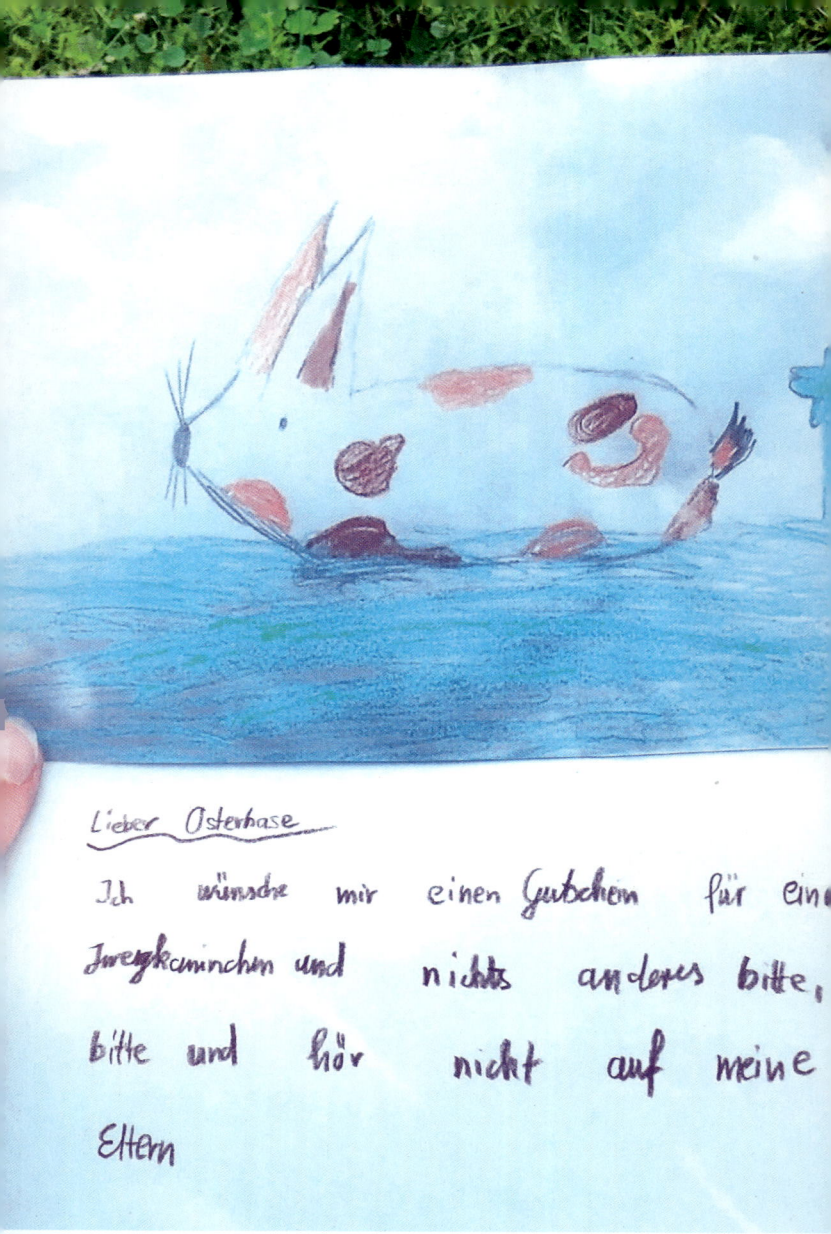

Lieber Osterhase

Ich wünsche mir einen Gutschein für ein Zwergkaninchen und nichts anderes bitte, bitte und hör nicht auf meine Eltern

Elisabeth, 10 Jahre

Jede Stimme zählt! Lucia, 8 Jahre

1. Referat zum Thema Lieblingstier, Charly, 7 Jahre

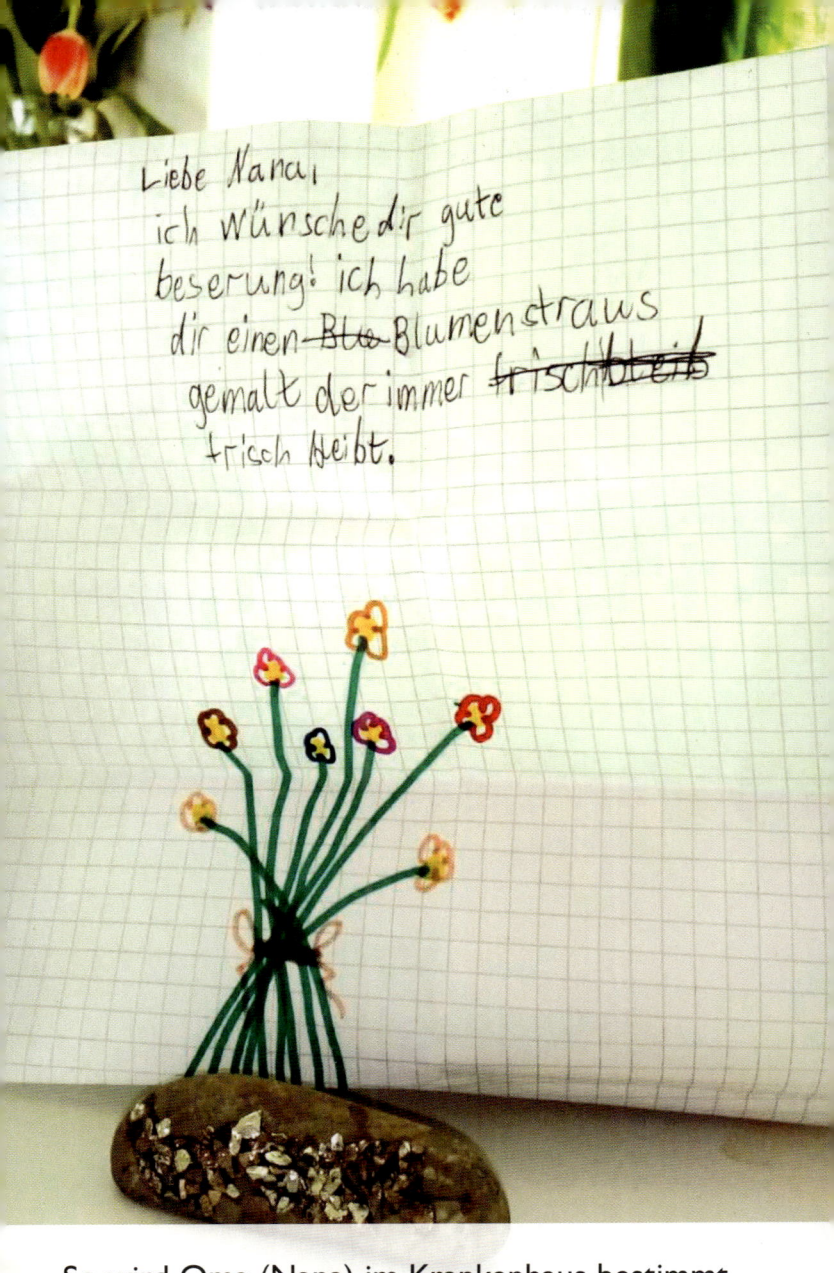

Liebe Nana,
ich wünsche dir gute
beserung! ich habe
dir einen ~~Blu~~ Blumenstraus
gemalt der immer ~~frischbleib~~
frisch bleibt.

So wird Oma (Nana) im Krankenhaus bestimmt
wieder gesund. Livia, 8 Jahre

Retet die Bienen

Ohne die Bienen Gäbes keine Blume
stelt euch mal eine welt Onhe
Blumen fohr darum **Rebet die Bien**

Blumen Pflanzen

wen wir keine Blumen pflanzei
Gibt es kei nen Honig den
den lifern Unsdie Bienen
darum **Blumen.pflanzen**

Onhe die Bienen?

Wäre die Welt Gaz Anders
darum **nicht Onhe Bienen!**

Dancke!!!!!!!!!!!!

Frühes umweltpolitisches Engagement, Hannah, 6 Jahre

Klare Regelung für den Eintritt ins Kinderzimmer,
Paula, 11 Jahre

1. MauS
2. RiJEhEn
3. NASEhBER
4. BiSoh
5. FLAMIhGOS
6. GoRilLAS
7. FELch
8. LÖWE
9. TiGER
10. ELEFAhT
11. WOLF
12. NASHORh
13. FLEDERMAuS
14. VOGELSTRauS
15. SEPRA
16. SchTEINBOK
17. GiRAFE
18. FAULTiER
19. GiGuINE
20. HEiSAPihGuINE
21. FiSchERN
22. SchiMPANSEN
23. SchLAGE
24. ERTMEhChEh
25. REHE
26. SchiLTKRÖTEN
27. SchNE WOLF
28. BiBER
29. SchTAREltiR
30. YAK
31. ORANT-OTAN
32. SchhEEuLEN
33. ROTRORO aPEN
34. ROBEN

Der Tag im Zoo ist gut geplant. Charly, 7 Jahre

Besser als jedes Foto, Fritzi, 8 Jahre

Steckbrief

Name: Regenwurm

Größe: 9 - 15 cm

Geschwindigkeit: 5 m pro Stunde

Nenne drei besondere Eigenschaften von Regenwürmern:

1. Regenwürmer können nicht beißen weil sie vorne und hinten nur Schwanz haben.

2. Regenwürmer sind glitschig

Laura, 9 Jahre

3. Regenwürmer können weiterleben wenn sie geteilt werden

Nicht benutzen das Glas ist für Käfa

Sommerbeschäftigung von Cleo, 8 Jahre

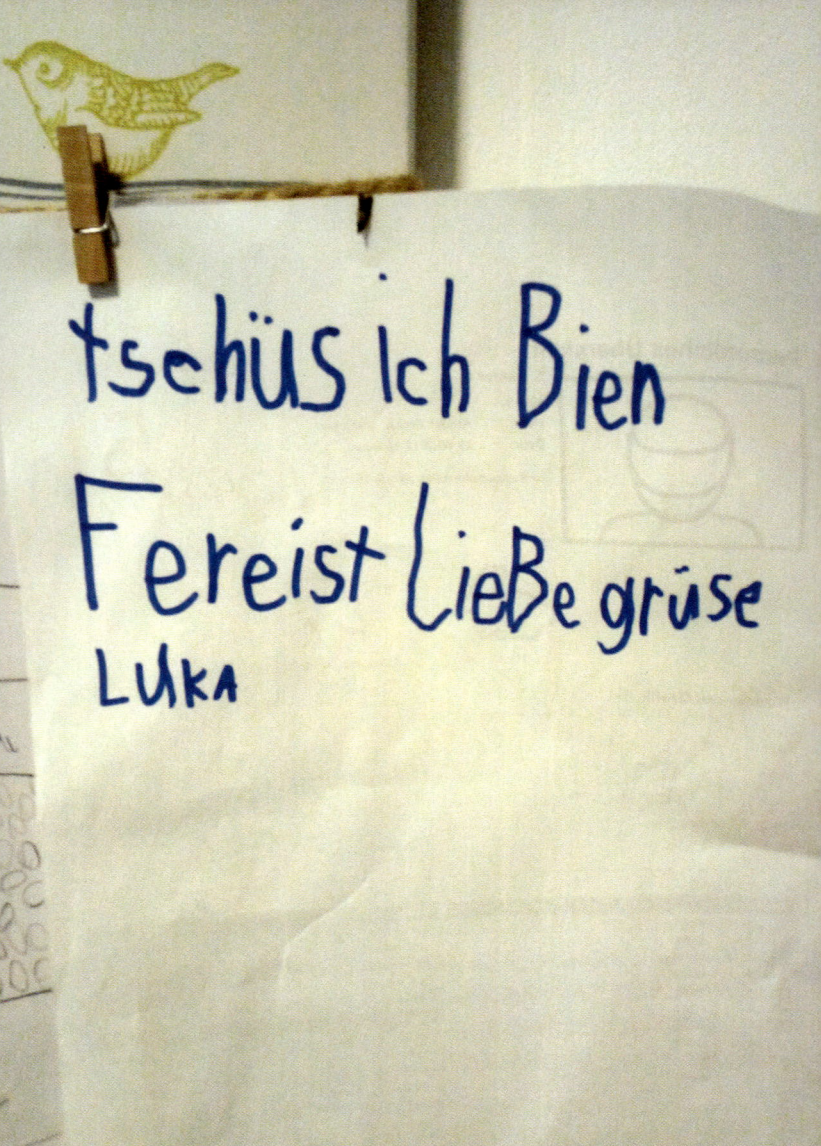

tschüs Ich Bien
Fereist Liebe grüse
Luka

Nach einem Streit mit Mama, Luka, 8 Jahre

Liebe Mama,
ich hoffe wir gehen dir dise Woche nicht
so auf die nerfen.

Deine Ella

Neue Woche, neues Glück. Ella, 9 Jahre

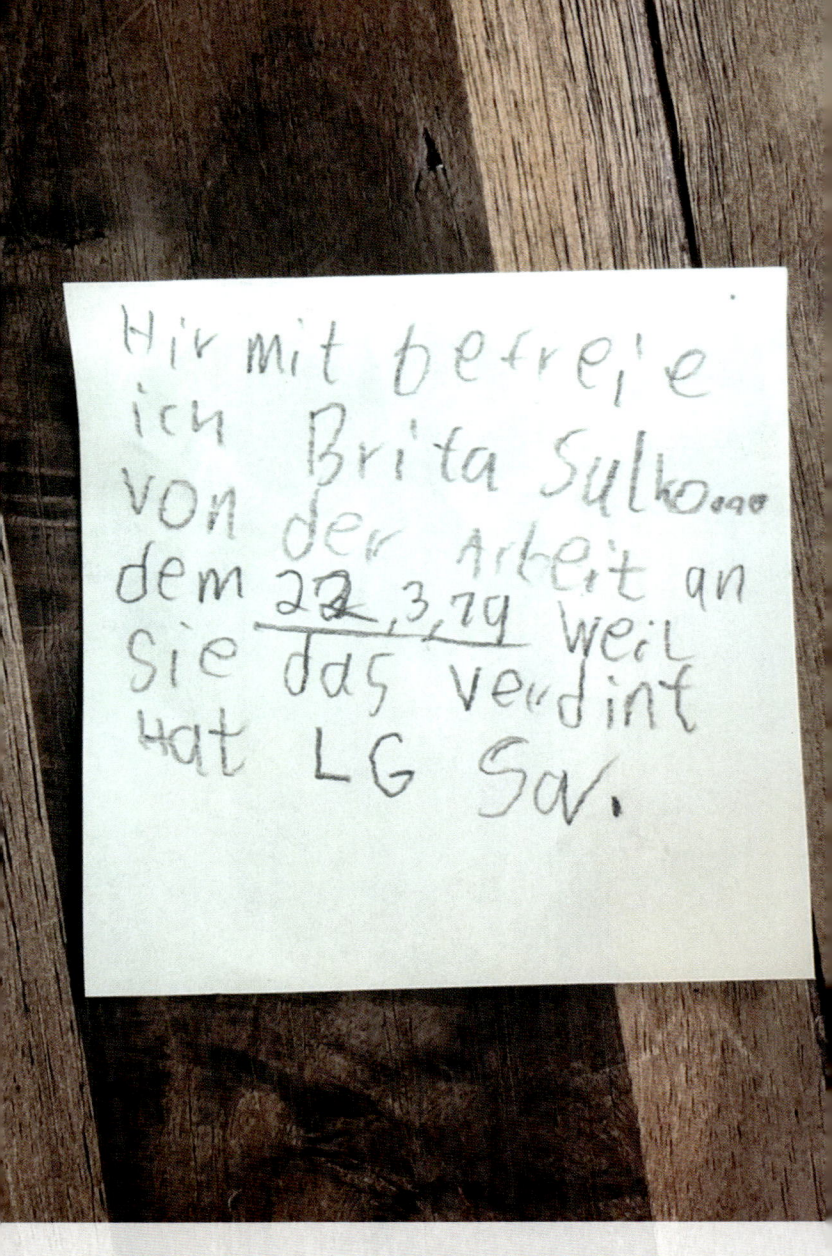

Hirmit befreie
ich Brita Sulko...
von der Arbeit an
dem 22.3.19 weil
sie das verdint
hat LG Sa.

An den Arbeitgeber, Sara, 8 Jahre

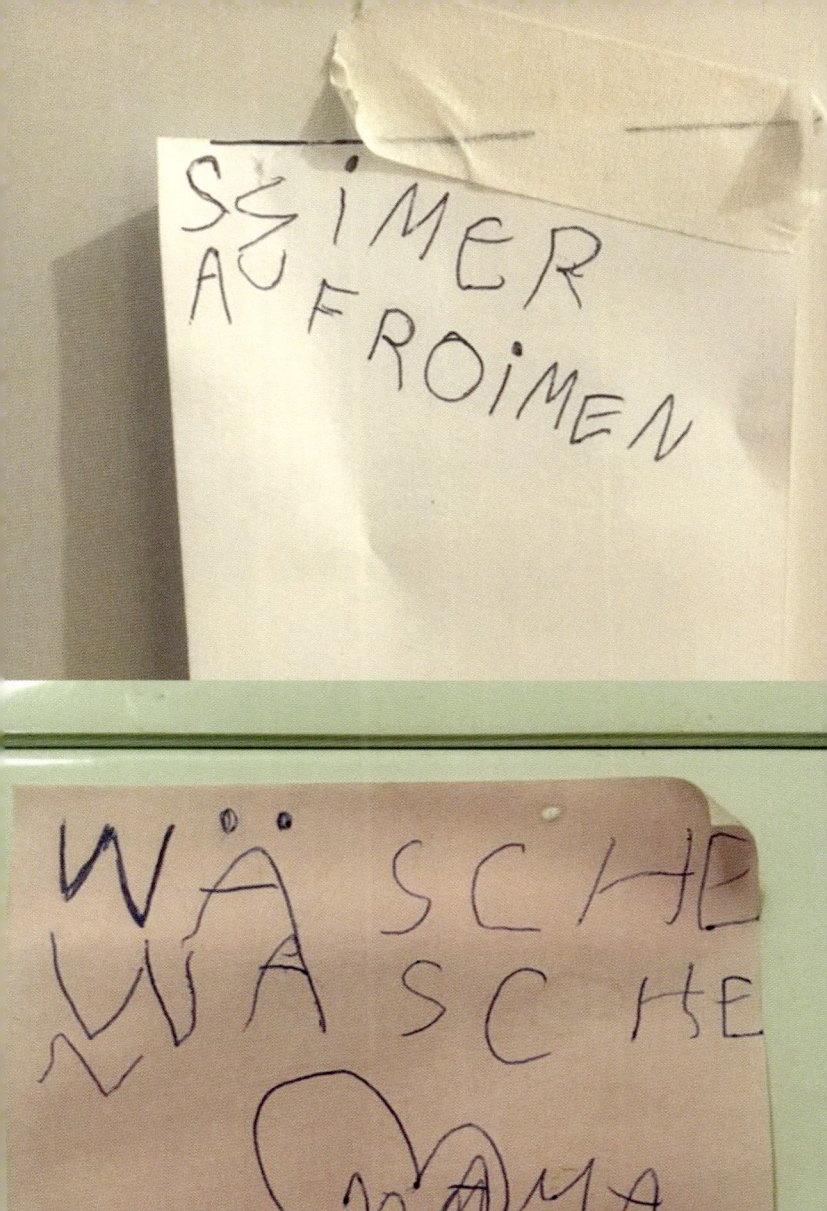

Mama freut sich bestimmt über diese kleinen Aufträge,
die Emma, 5 Jahre, im Haus verteilt hat.

An die große Schwester, Tobias, 5 Jahre

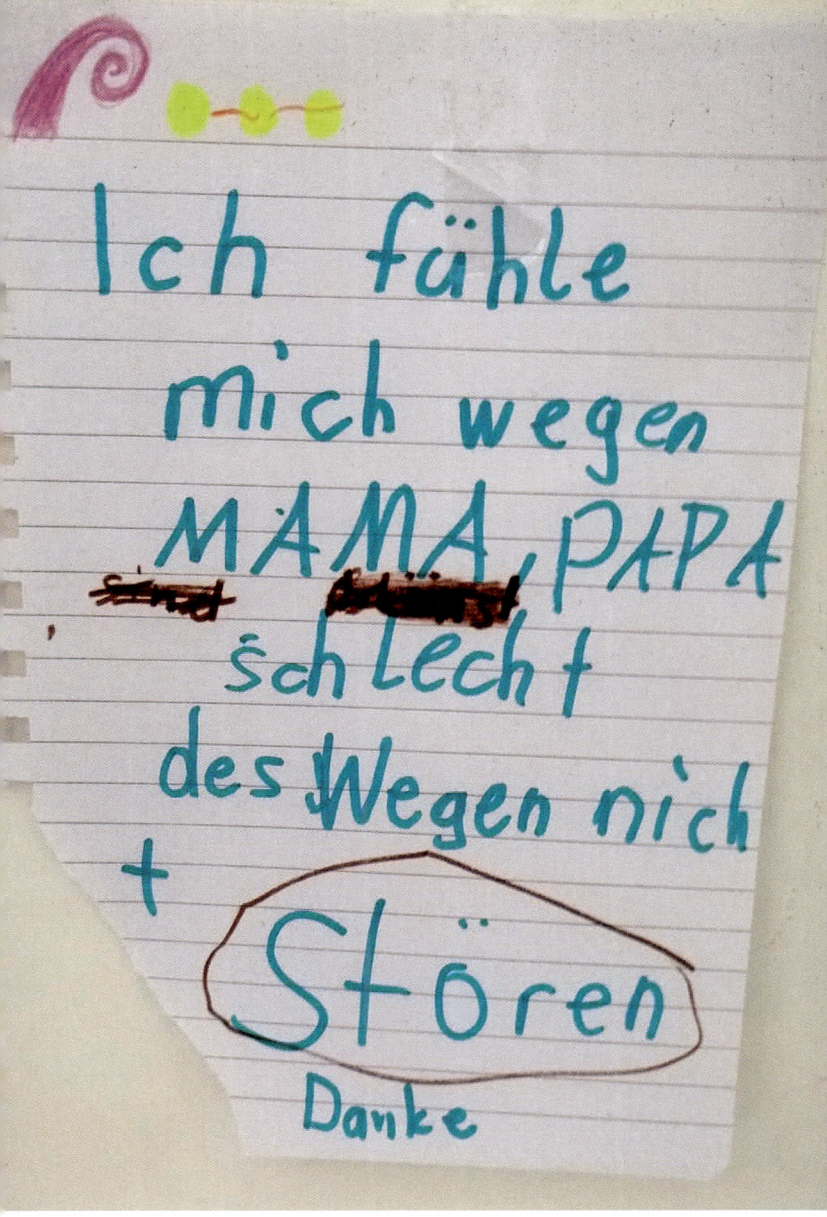

Nach einer Hausaufgabendiskussion, Leonie, 9 Jahre

Wenn Mamas Bücherauswahl nicht zufriedenstellend ist,
Fridolin, 8 Jahre

Papa Du alte Schnarchmüze ist Faul

ZZZZZ

Papa soll morgens lieber Trampolin springen
und bekommt diesen Zettel ans Bett. Hannah, 7 Jahre

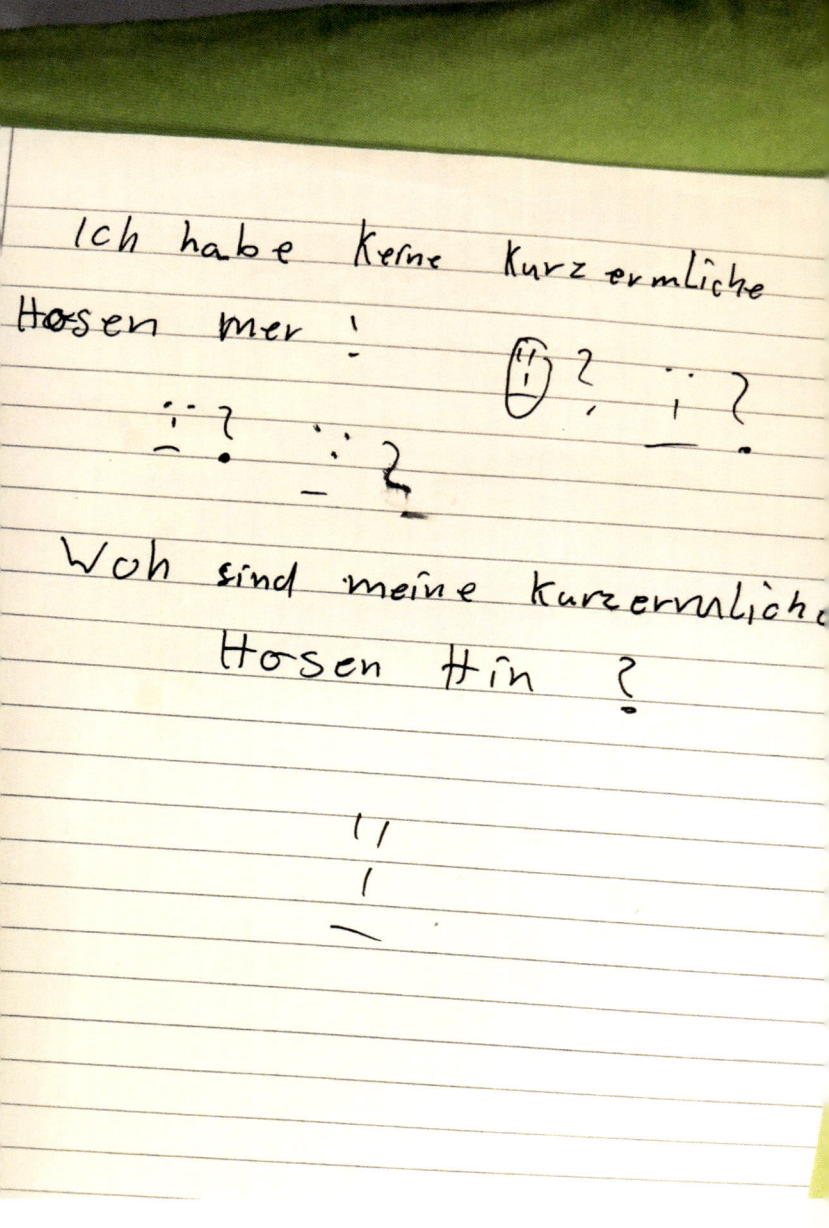

Ich habe Keine Kurzermliche
Hosen mer !

Woh sind meine Kurzermliche
Hosen Hin ?

Beschwerde bei Mama über die
fehlende Sommergarderobe, Leonie, 8 Jahre

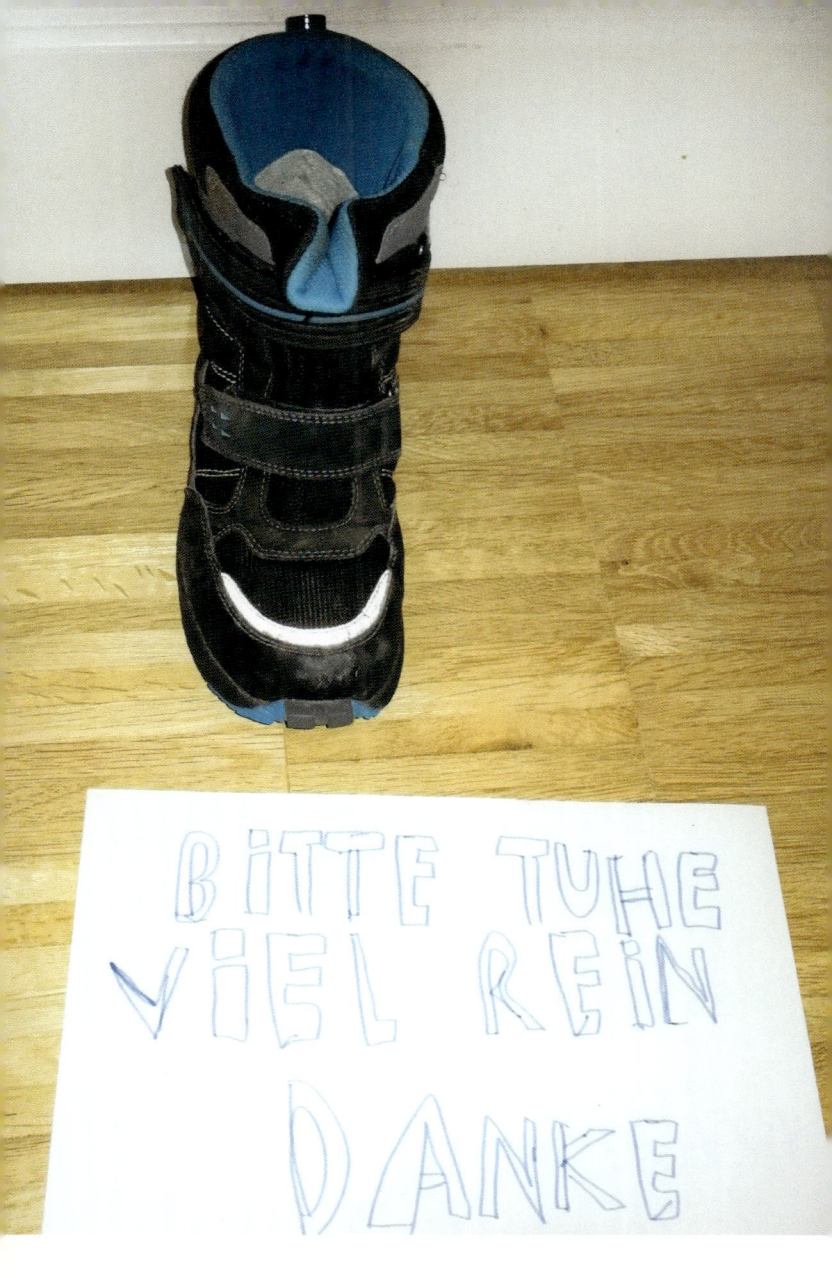

Nachricht für den Nikolaus, Elián, 9 Jahre

KAUF. LEGO MAMA ♡

Einkaufsauftrag von Frederico, 5 Jahre

Wo ist das Mani

Papa hat sich aus Benes, 8 Jahre, Spardose Geld geliehen. Am nächsten Tag liegt dieser Zettel auf dem Tisch.

Listen

PLAN

So ergere ich Lukas;

1. Handy wegnemen

2. es ser gut fersteken

3. Rein gehn one anklopfen

4. Auf seinem Bett rum hüpfen
   und laut siengen

5. Pupsen und raus rehen

Racheplan für den großen Bruder, Finn, 8 Jahre

Teller.
Messer.
Trinker.

Spickzettel fürs Tischdecken von Elias, 7 Jahre

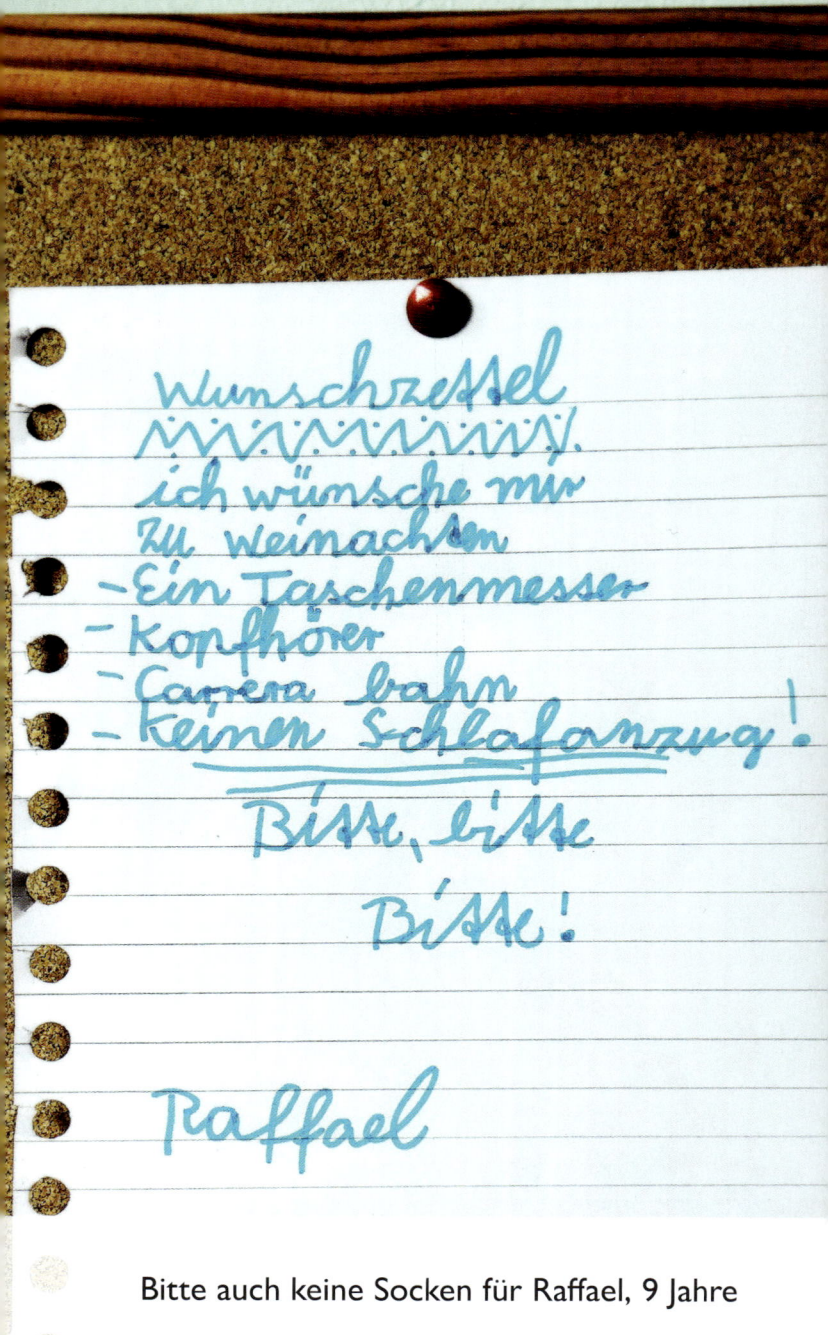

Wunschzettel

ich wünsche mir
zu Weinachten
- Ein Taschenmesser
- Kopfhörer
- Carrera bahn
- Keinen Schlafanzug!

Bitte, bitte

Bitte!

Raffael

Bitte auch keine Socken für Raffael, 9 Jahre

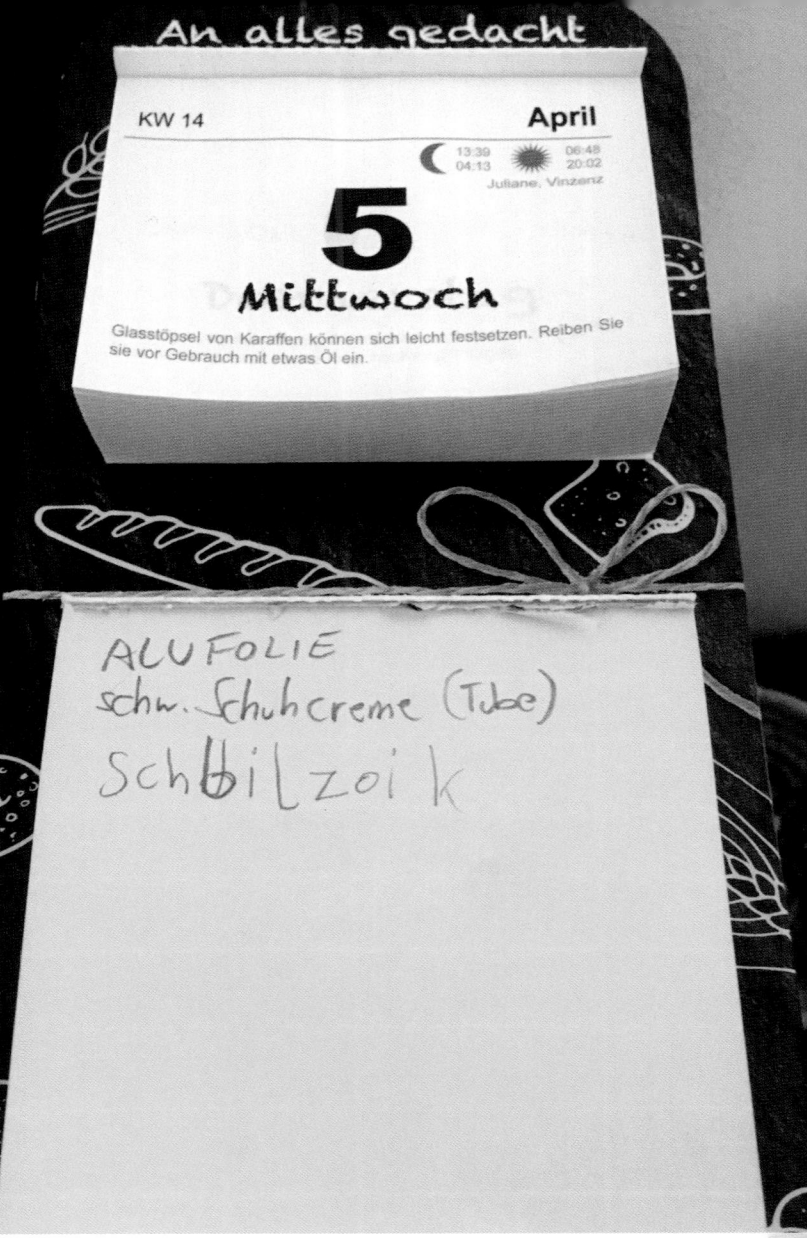

Einkaufslistenmanipulation von Maja, 7 Jahre

Liste was Du machen kannst ♡

für : Papa
von : Julia

1. schlafen
2. fernsehen
3. Musik hören
4. Zeitung lesen
5. was mit Deinem Handy machen
6. I Pad spielen
7. bedienen lassen

Werd
bald
wieder
Julia
gesund

Julia, 10 Jahre

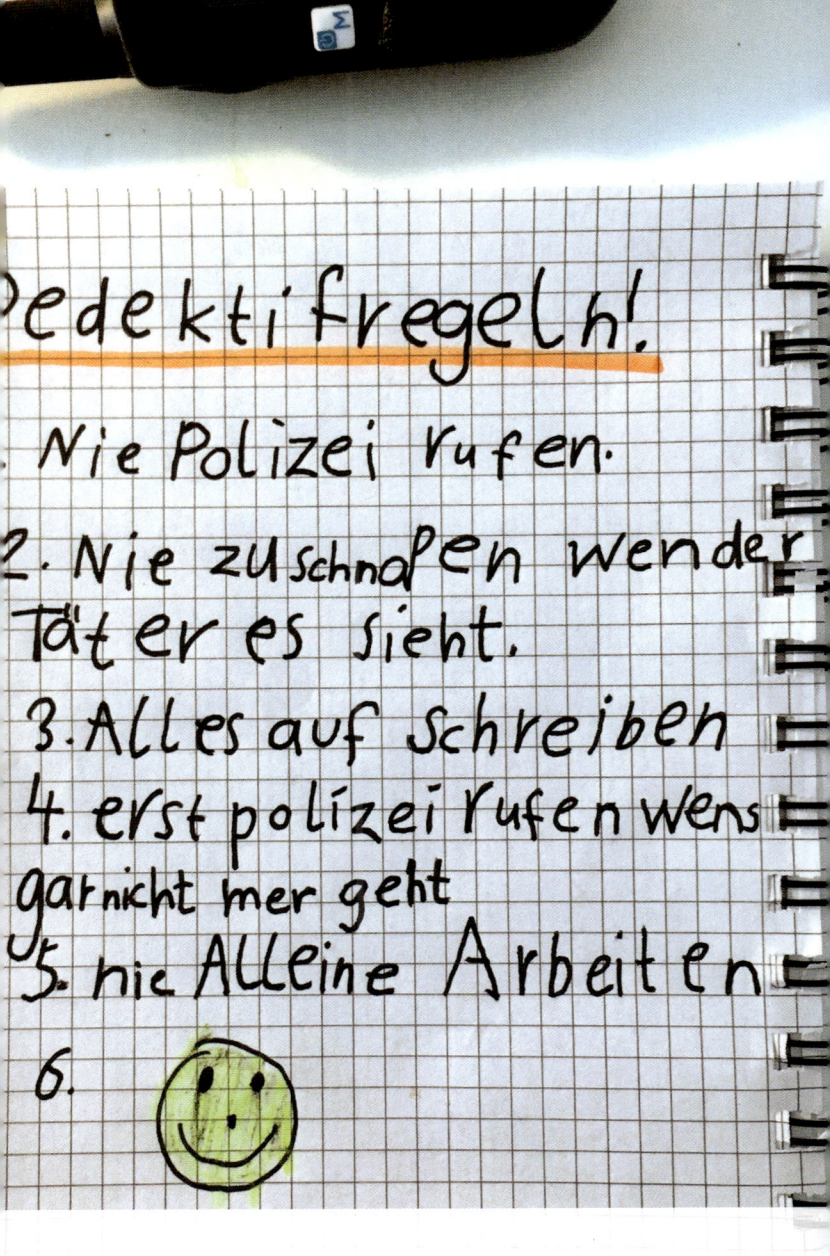

Dedektifregeln!

1. Nie Polizei rufen.

2. Nie zuschnapen wen der Täter es sieht.

3. Alles auf schreiben

4. erst polizei rufen wens garnicht mer geht

5. nie Alleine Arbeiten

6.

Sicherheitskonzept, aufgestellt von Hannah, 7 Jahre

Wunschzettel

Ich wünsche mir Star Wars Poster
Ich wünsche mir Star Wars Lego
Ich wünsche mir Star Wars Bettwäsche
Ich wünsche mir Star Wars Figuren
Ich wünsche mit Star Wars Bücher
Ich wünsche mit Star Wars Laserschwert
Ich wünsche mir Star Wars T-shirt
Ich wünsche mir Star Wars Rucksack
Ich wünsche mir Star Wars Tedd Federmäpphen
Ich wünsche mir Star Wars Stifte
Ich wünsche mir Star Wars Wecker
Ich wünsche mir Star Wars Trinkflasche
Ich wünsche mir Star Wars Plasche
Ich wünsche mir Star Wars Handtuch
Ich wünsche mir Star Wars Zahnbürste

Das Wars, JAN

Keine Chance für Harry Potter bei Jan, 9 Jahre

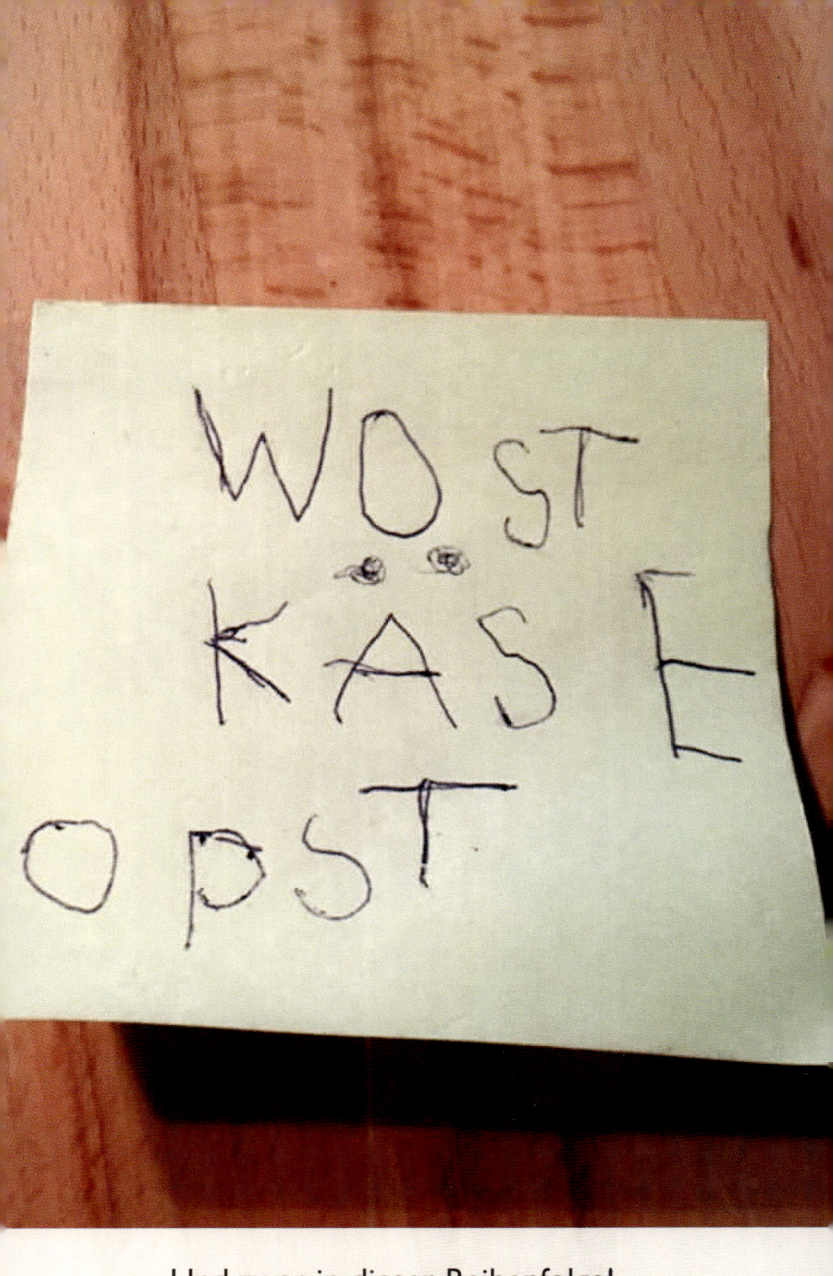

Und zwar in dieser Reihenfolge!
Justus, 6 Jahre

Lieber Weinachtsmann

1. echtes Poni
2. Gittarre
3. Pferdemalbuch

aber wichtiger als 1. :

Hendi
Hendi
Hendi
Hendi
Hendi

viele Grüße Luisa

Es muss auch kein Ei Fon sein … Luisa, 9 Jahre

Liste - Sachen
die ich mitnehme

- Gleider.
- eine Kaze.
- Genege - füa - die Kaze
- koschel - Tire
- Esn + Trinken
- Bade - Sachen
- Tenes - Schleger
- Söf - Pret - Padel

Kein Urlaub ohne Surfbrettpaddel, Greta, 5 Jahre

Wer wann in meinem Bett
schlafen darf:

Montag: Puppe Etgar

Dienstag: Schwein Ringelchen

Mittwoch: Meerschweinchen Mary

Donnerstag: Katze Schneutzchen

Freitag : Hase Lischen

Samstag : Hund Goldi

Sonntag : Esel Beni

Auch Kuscheltiere brauchen Regeln. Mia, 9 Jahre

Schule

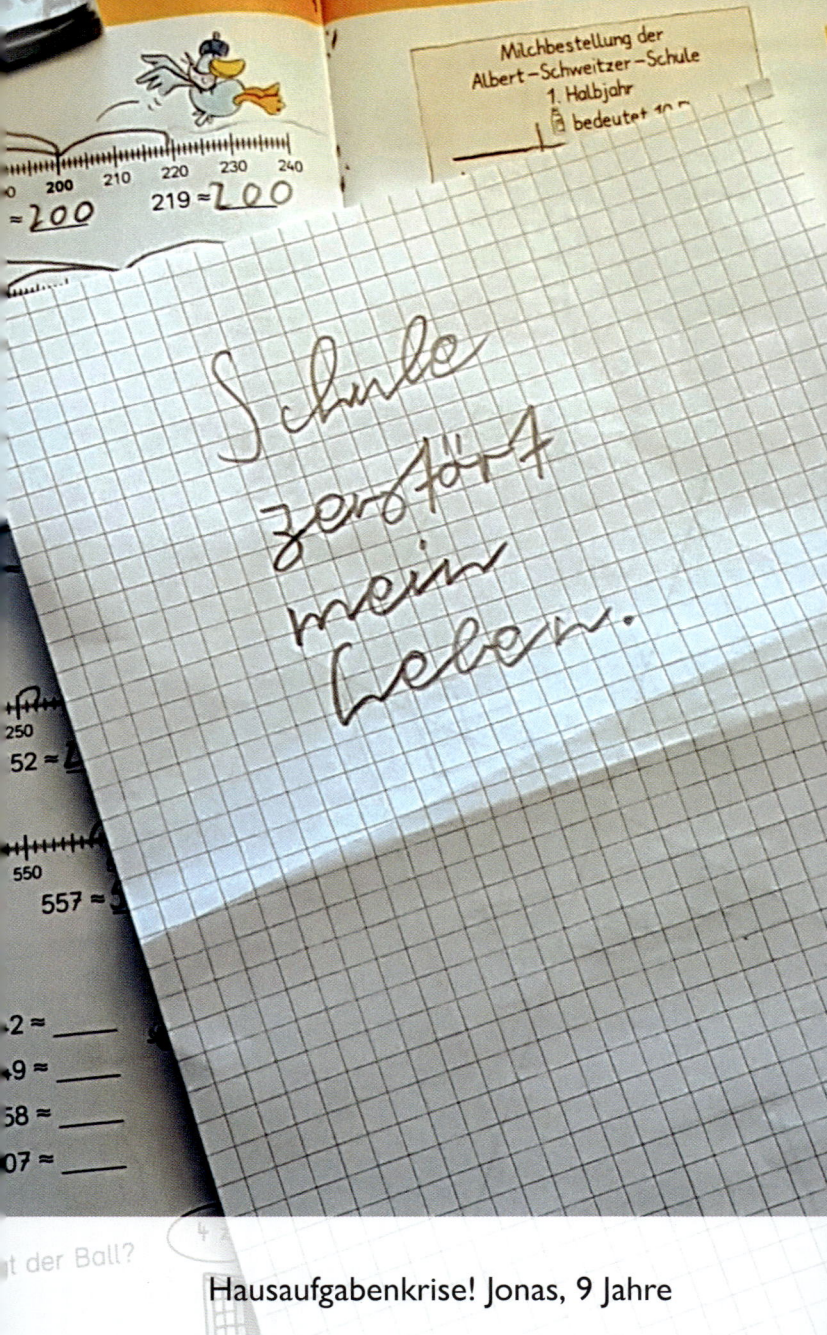

Hausaufgabenkrise! Jonas, 9 Jahre

Liebe Frau Diepold,
egal wo sie mich
hinsetzen ich mache überall
Quatsch. Bitte denken sie gut
darüber nach.
Moritz

Nur mal logisch überlegen, findet Moritz, 8 Jahre.

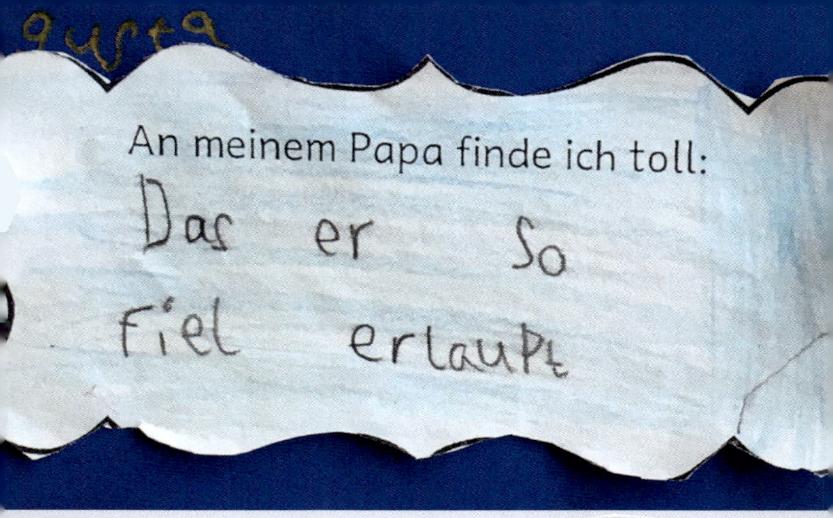

An meinem Papa finde ich toll:

Das er So Fiel erlaupt

Augusta, 7 Jahre

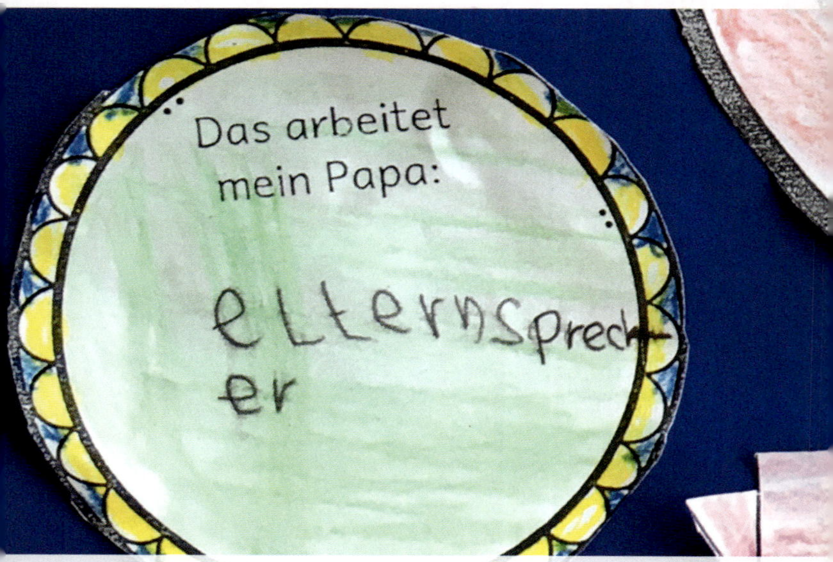

Das arbeitet mein Papa:

eLternSprecher

Eigentlich ist Papa Ingenieur. Augusta, 7 Jahre

Sankt Martin

Schreiben nach Gehör, Luca-Joel, 6 Jahre

Gymnasium Nymphenburg   **Klasse 7a**

Stegreifaufgabe im Fach Geschichte
am 14.10.2019

<u>Themen</u>: Lehnswesen, Kurfürsten

...nzen Sätzen und achten Sie auf eine saubere äußere Form, da dies
(Arbeitszeit: 20 Minuten + Einlesezeit)
...fließt.

ist zwar alles deine
Schuld aber Ich verzeih
dir
P.S: Ich hab doch ges...
Papa soll's erklären"

Mamas Bildungslücken sind enttarnt,
Michaela, 13 Jahre

<u>Deutsche Nationalhymne</u>

nigkeit und Recht und (Freizeit)?

für das Deutsche Vaterland!

nach lass uns alle streben
brüderlich mit Herz and Hand!

Mehr Freizeit für alle! Marius, 13 Jahre

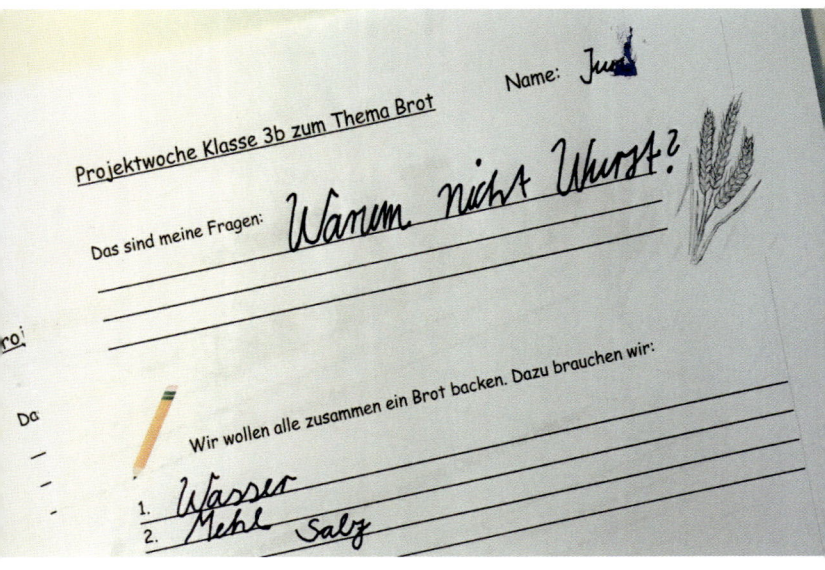

Vegan ist keine Option, Juri, 9 Jahre

Oft spielt die Oper in einem eigenen Haus nur für Opern, das man _Opern hau_

oder einfach nur „die Oper" nennt.

Das Wort Oper bedeutet „Werk", gemeint ist ein ..... _Werk_ .....aus der Musik.

Bühne gesungen wird nicht nur in der Oper. Auch in manchen _Theaterstücken_

kommt Gesang vor, oder sie werden von Musik begleitet.

Das Vorspiel einer Oper nennt man .. _Kuvertüre_

😊

Die Oper, wie man sie heute kennt, stammt aber erst aus dem 17. Jahrhundert. Belie

waren Opern über die ..... _Sagen_ .....und Götter der alten Griechen. Kamen die e

Opern aus Italien, so schrieben bald auch .. _Franzose_ ..... und Deutsche Opern.

Pierre, 13 Jahre

Ursache:
Thomas übt jeden Tag 20 Minuten Klavier.

Wirkung: _ist ein_

Er mega Streber.

Leander, 9 Jahre

Benimmregeln für den Elternabend, Maxi, 8 Jahre

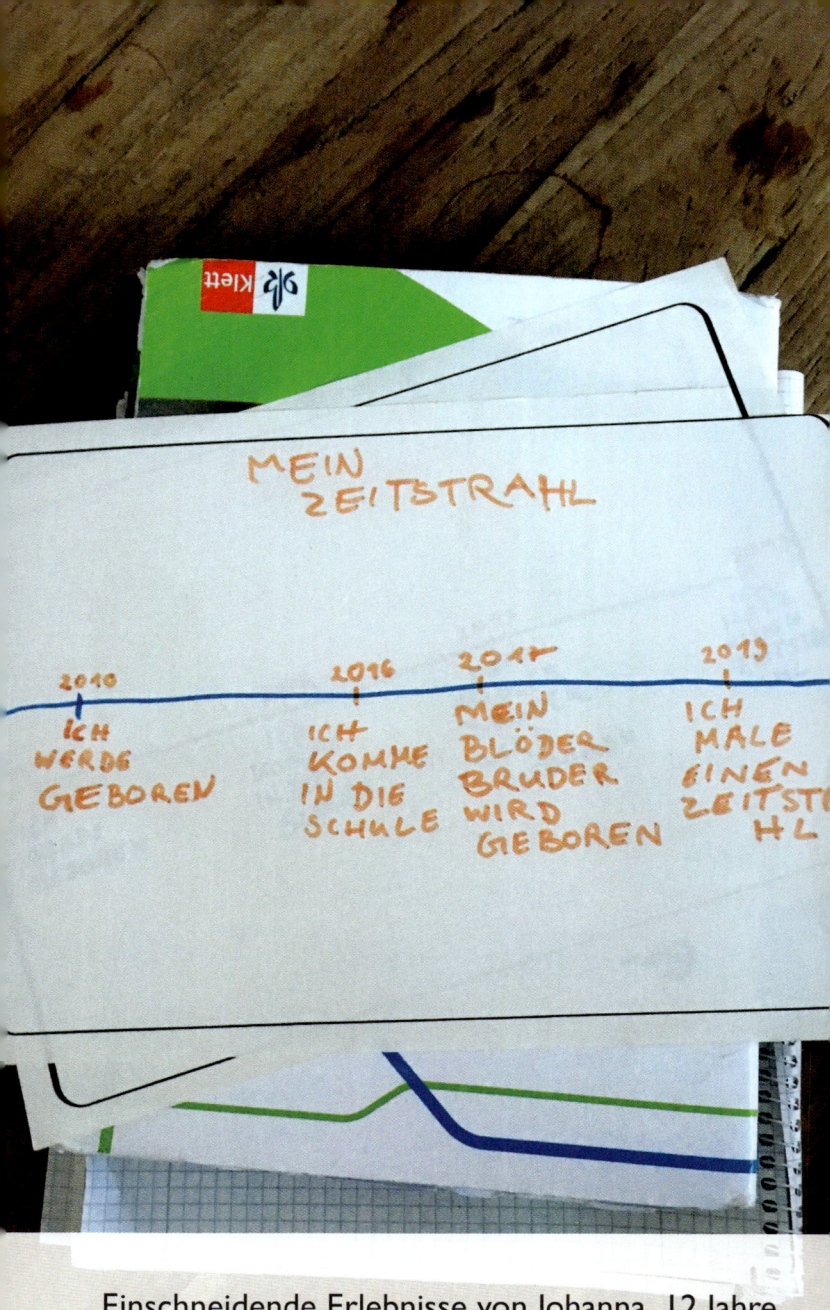

Einschneidende Erlebnisse von Johanna, 12 Jahre

In den Ferien war ich bei der Berlinale. Leidr mochte ich den Film nicht.

12. 2. 2019

Frühe Filmkritik von Lennard, 7 Jahre

...as Kaninchen war sehr unglücklich. Es blickte unsicher nach links und rechts. „Unglaublich dass ich schon wieder den Fuchs getroffen habe!", dachte es. „Und der ist immer so unfreundlich!". Es hoppelte weiter und fiel unsanft über eine Wurzel. Unentschlossen rappelte es sich auf....

Wörter, die mit der Silbe un- beginnen, drücken meistens etwas Negatives aus. Nenne drei Beispiele!

1. unterricht

2. _____

3. _____

Timo, 10 Jahre

Wie viele arten gi*

es bei der Polizei?

Das Esk.

Die Wasserschutzpoliz*

Die Nomale Polizei.

Die Kriminalpolizei.

Die Schutzpolizei.

Das F.B1.

Kriminalexperte, Philipp, 8 Jahre

, Taxi, underground, train 5

hursday, Wednesday, Thersday, day, Sunday

ondon Eye, Tower Bitch, *Bridge* 3/3

Londons Insidertipps? Jannis, 9 Jahre

. Benenne die Elementarteilchen des Atoms:

In einem Atom gibt es Elektronen und Pronomen. 2

Schwefelsäure reagiert mit Kaliumlauge.

Fabian, 13 Jahre

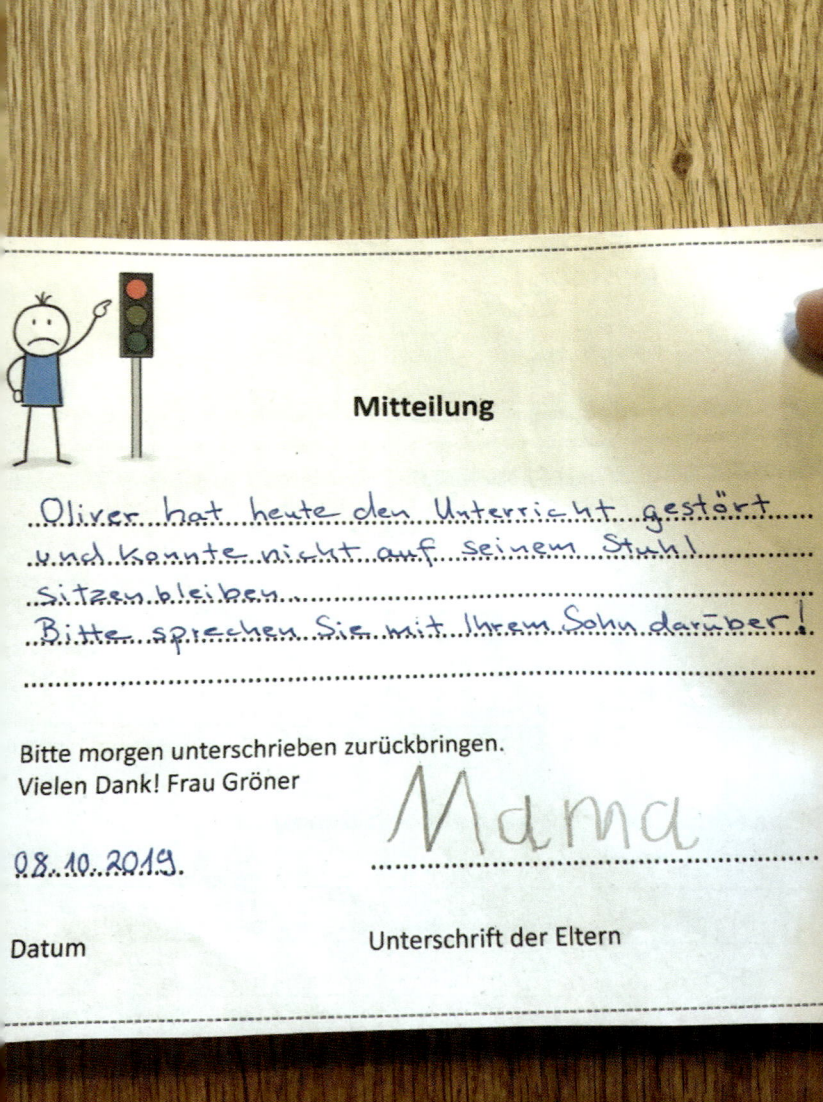

Mitteilung

Oliver hat heute den Unterricht gestört
und konnte nicht auf seinem Stuhl
sitzen bleiben.
Bitte sprechen Sie mit Ihrem Sohn darüber!

Bitte morgen unterschrieben zurückbringen.
Vielen Dank! Frau Gröner

Mama

08. 10. 2019.

Datum   Unterschrift der Eltern

Oliver, 8 Jahre

Aufbau eines Mikroskops

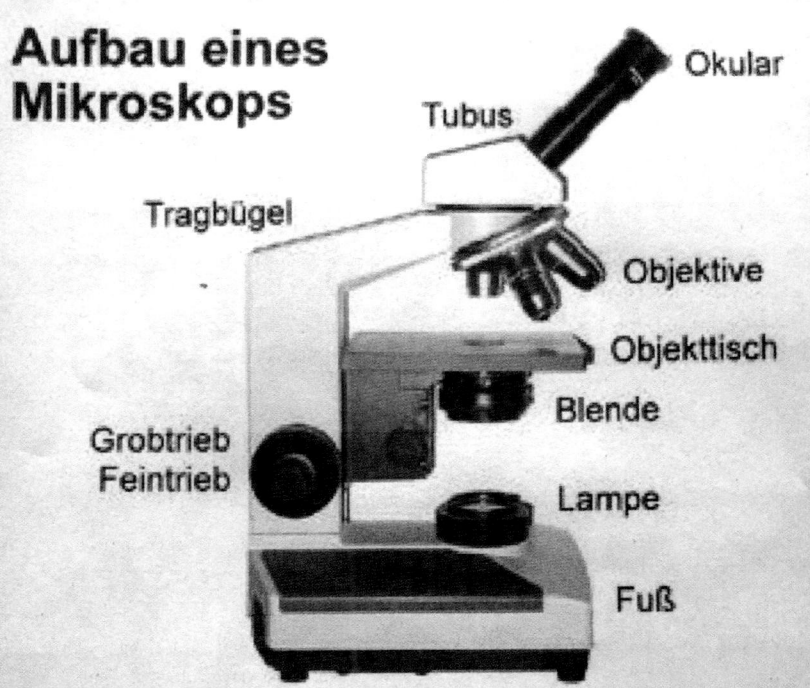

Okular

Tubus

Tragbügel

Objektive

Objekttisch

Blende

Grobtrieb
Feintrieb

Lampe

Fuß

Frage:
Marco blickt durch sein Mikroskop, kann aber nichts erkennen.
Woran kann das liegen? Begründe!

Er ist blind.

Milla, 9 Jahre

24.4.2077

Wir waren im Südtirol un
beider rükfart haben wir einer
Bladen gigrigt. und wir sind n
einen abschleber gefaren.

Philipp, 8 Jahre

- das Präsens: Ich lerne.
- das Perfekt: Ich habe gelernt.
- das Imperfekt / Präteritum: Ich lernte.
- das Plusquamperfekt: Ich hatte gelernt.
- das Futur 1: Ich werde lernen.
- das Futur 2: Ich werde gelernt haben.

Benenne folgende Zeiten am Beispiel „essen"!

Ich esse.   Mahlzeit!!

Ich habe gegessen.   Mahlzeit!!

Ich werde essen.   Mahlzeit!!

Wann ist endlich Pause? Clemens, 10 Jahre

Essen

So kriegt man Mama immer rum, Sean-Pablo, 6 Jahre

Liebe Mama,
wir hatten ~~eben~~
einen Wiener-
Wettbewerb und
ich hab die
meisten gegessen
16! Viele Grüße
deine Rafaela ♡

Offensichtlich im Wachstum, Rafaela, 11 Jahre

Haben Hunger
Bratapfel hoch
bringen sofor
Sofort Bit
😊 ♡

Hannah, 7 Jahre

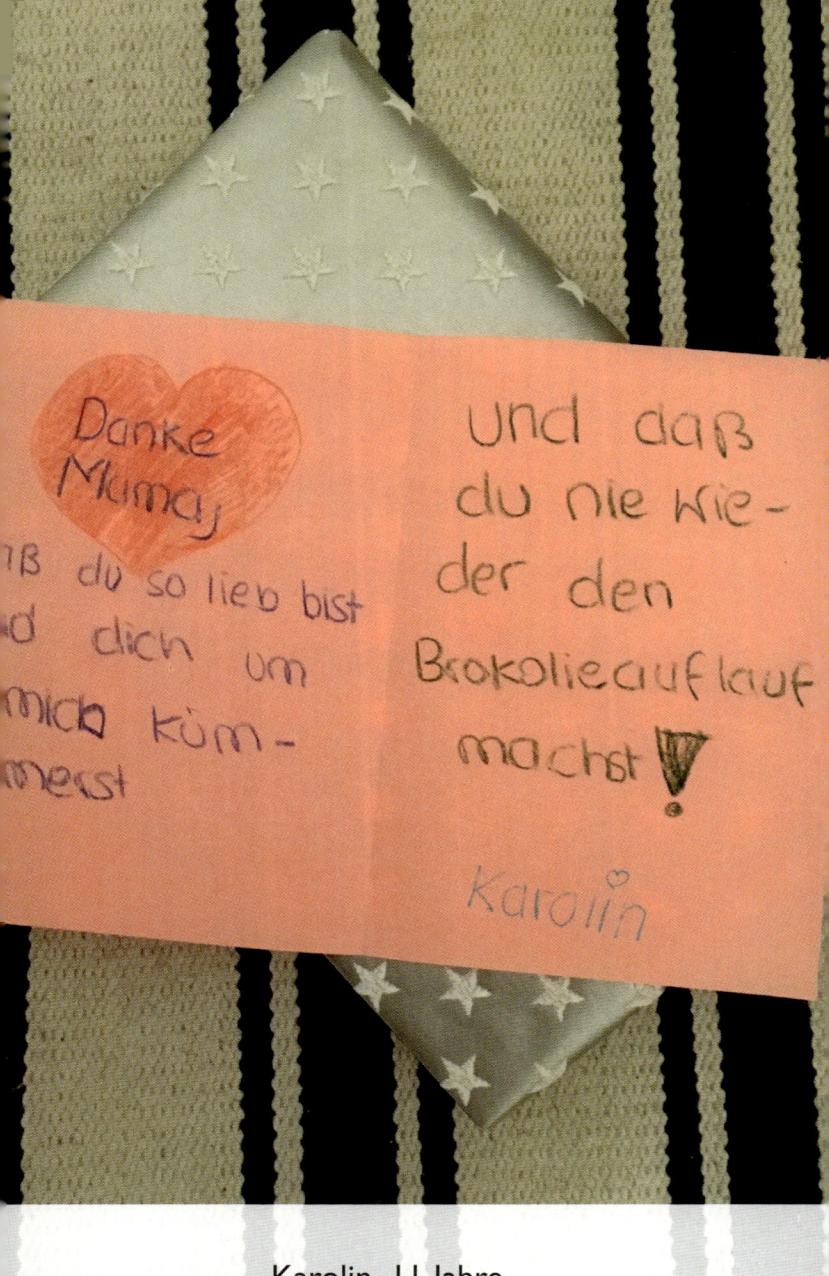

Danke Mama

und daß du nie wieder den Brokolieauflauf machst!

...ß du so lieb bist ...d dich um ...mich küm... ...merst

Karolin

Karolin, 11 Jahre

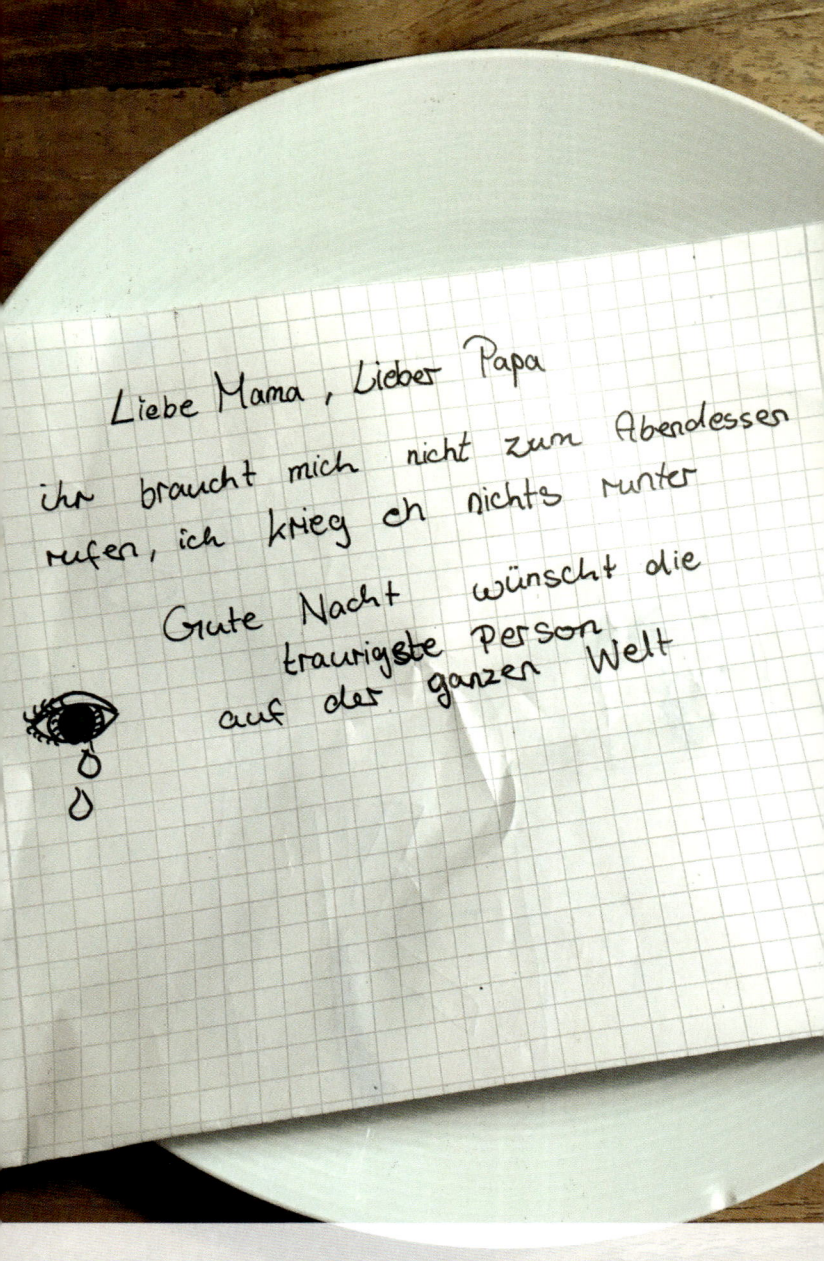

Liebe Mama, Lieber Papa

ihr braucht mich nicht zum Abendessen rufen, ich krieg eh nichts runter

Gute Nacht wünscht die traurigste Person auf der ganzen Welt

Erster Liebeskummer von Victoria, 13 Jahre

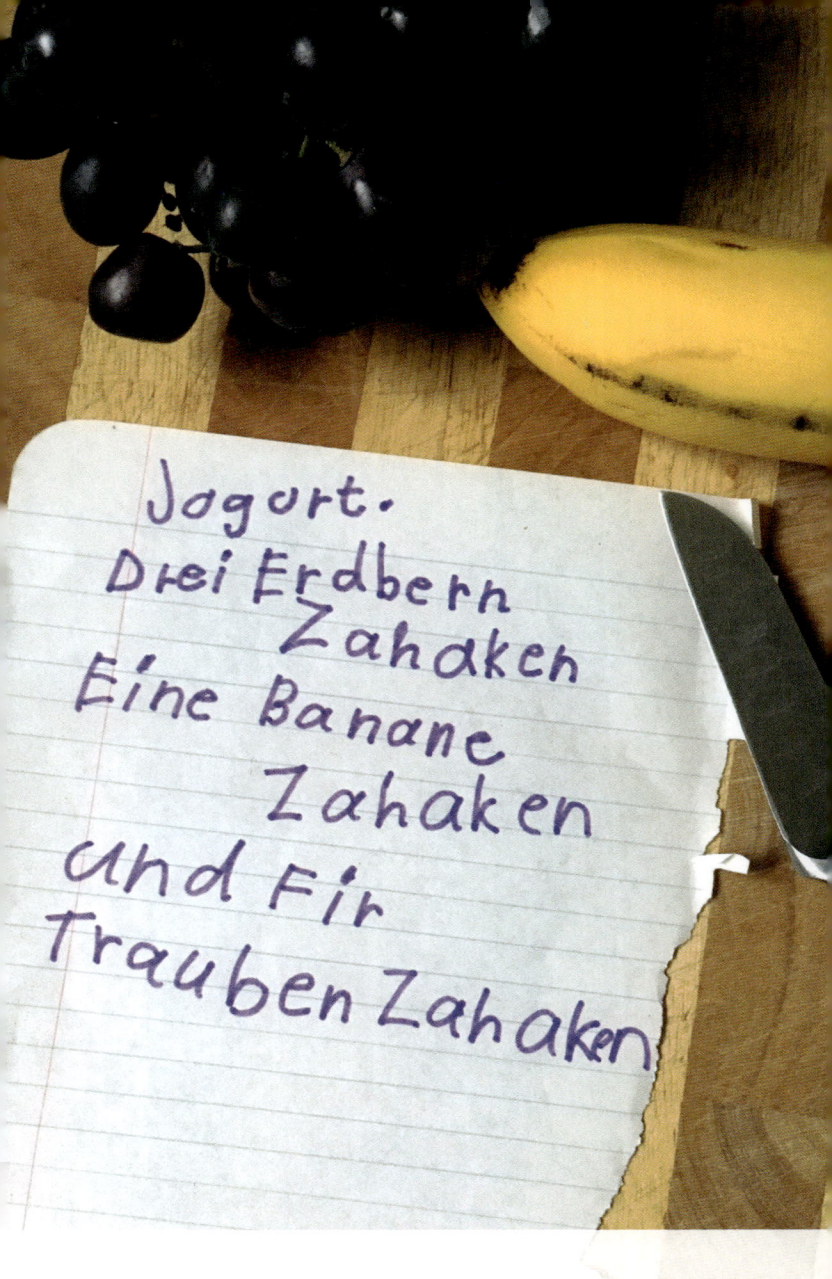

Jogurt.
Drei Erdbern
      Zahaken
Eine Banane
      Zahaken
und Fir
Trauben Zahaken

Tilly, 6 Jahre

Die Banane war zu kurz für »Mama, ich liebe dich«.
Laura, 5 Jahre

Käsebrote bevorzugt, Sara, 8 Jahre

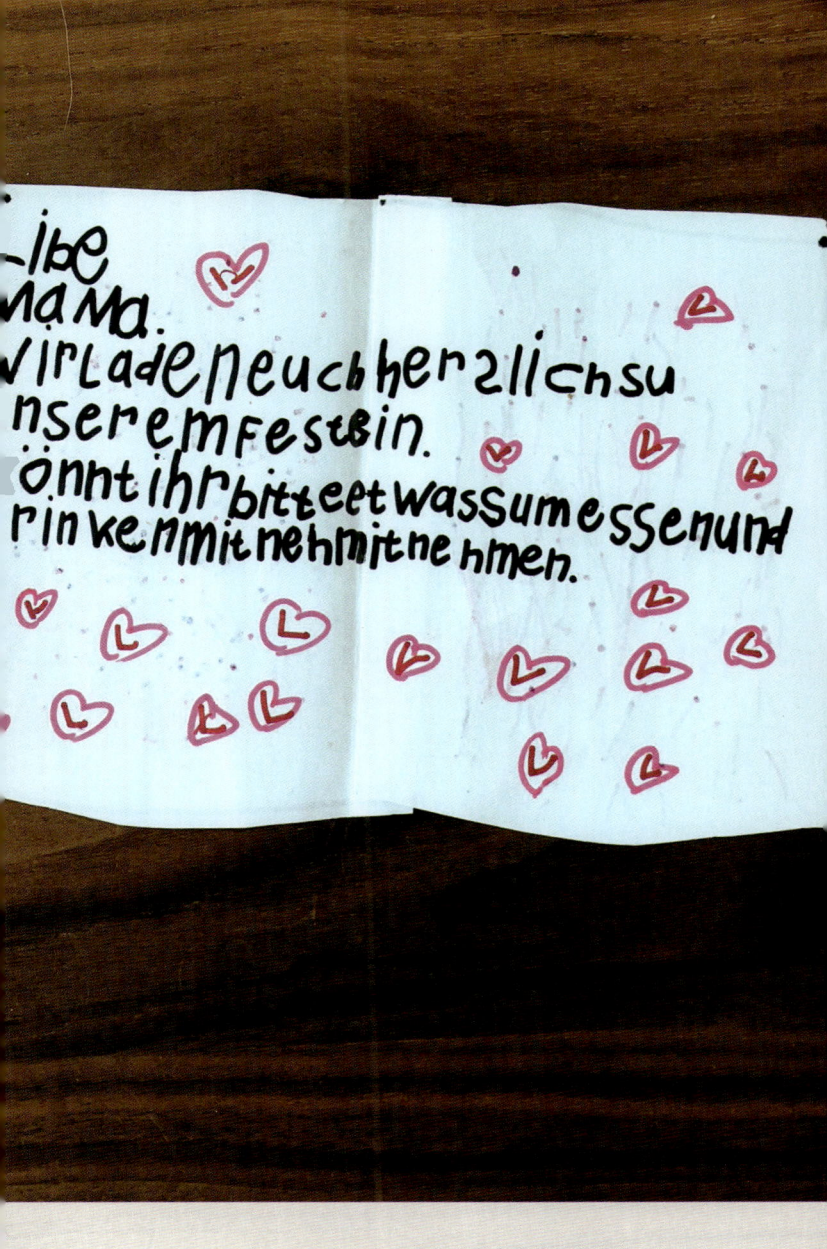

Libe
MaMa.
Wir laden euch herzlich su
nserem fest ein.
önnt ihr bitte etwas su essen und
rinken mit nehmit nehmen.

So klappt jede Party, Livia, 7 Jahre

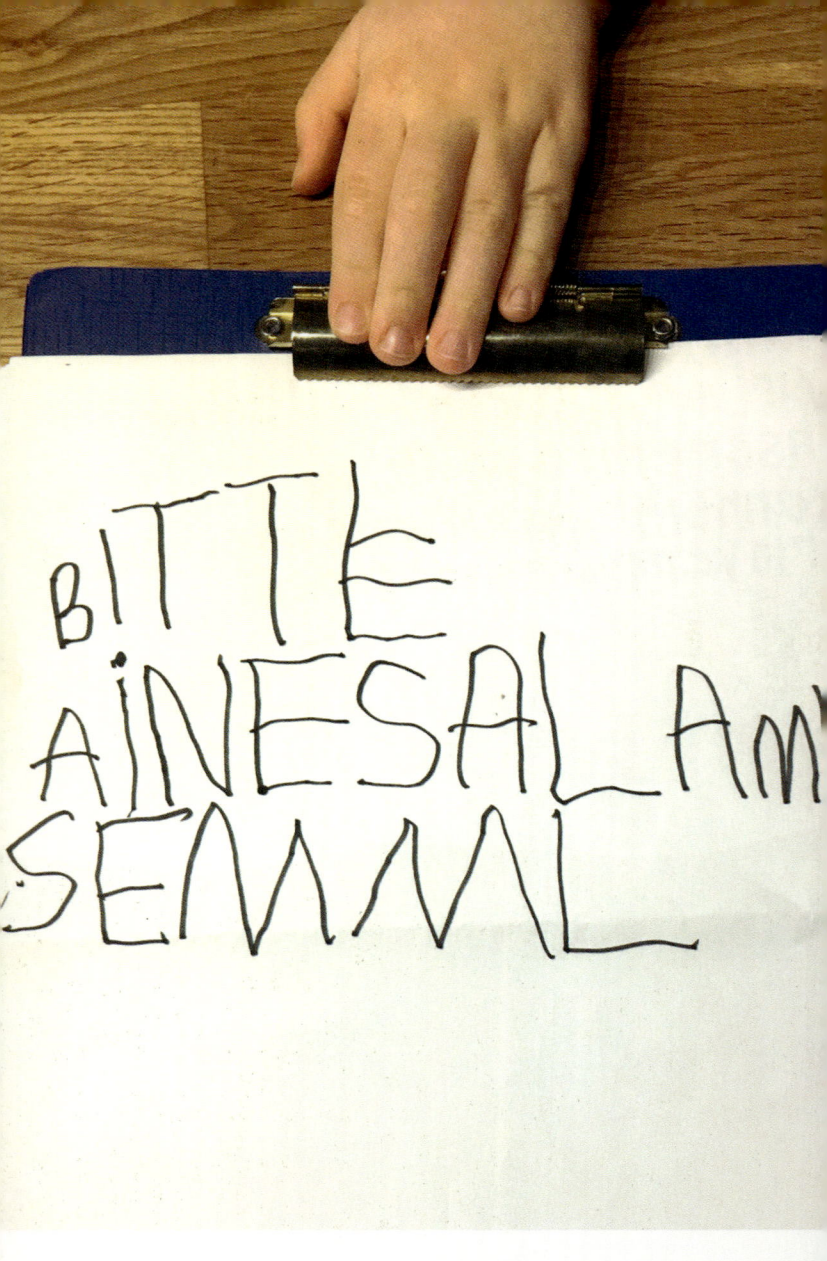

BITTE
AINESALAMI
SEMML

Kleiner Hunger zwischendurch, Niklas, 6 Jahre

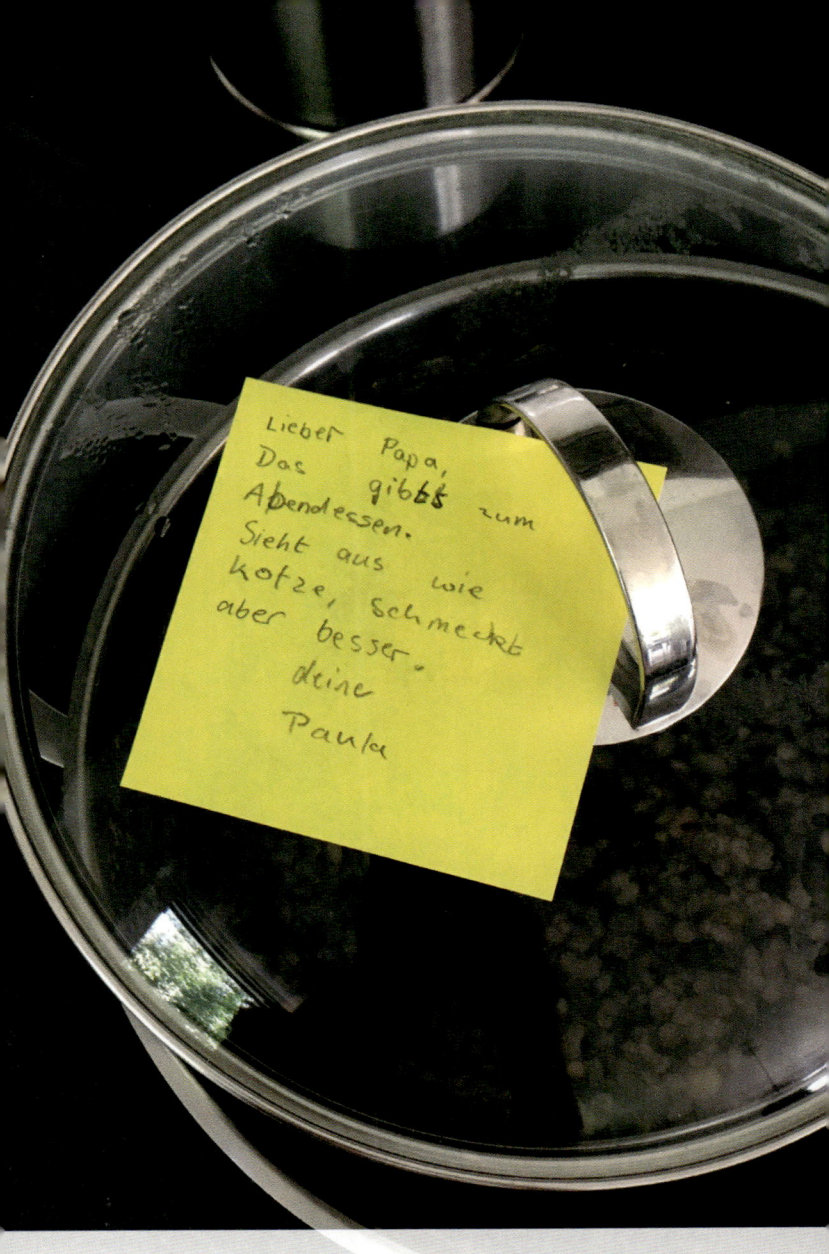

Guten Appetit wünscht Paula, 12 Jahre

BITE EINE KUGEL
SCHDRAZIA TE LER

Oder vielleicht doch lieber Erdbäre? Moritz, 6 Jahre

Frage Mama
biette gen wir zum
mekdonelz.

Pascal, 7 Jahre

Geschenke

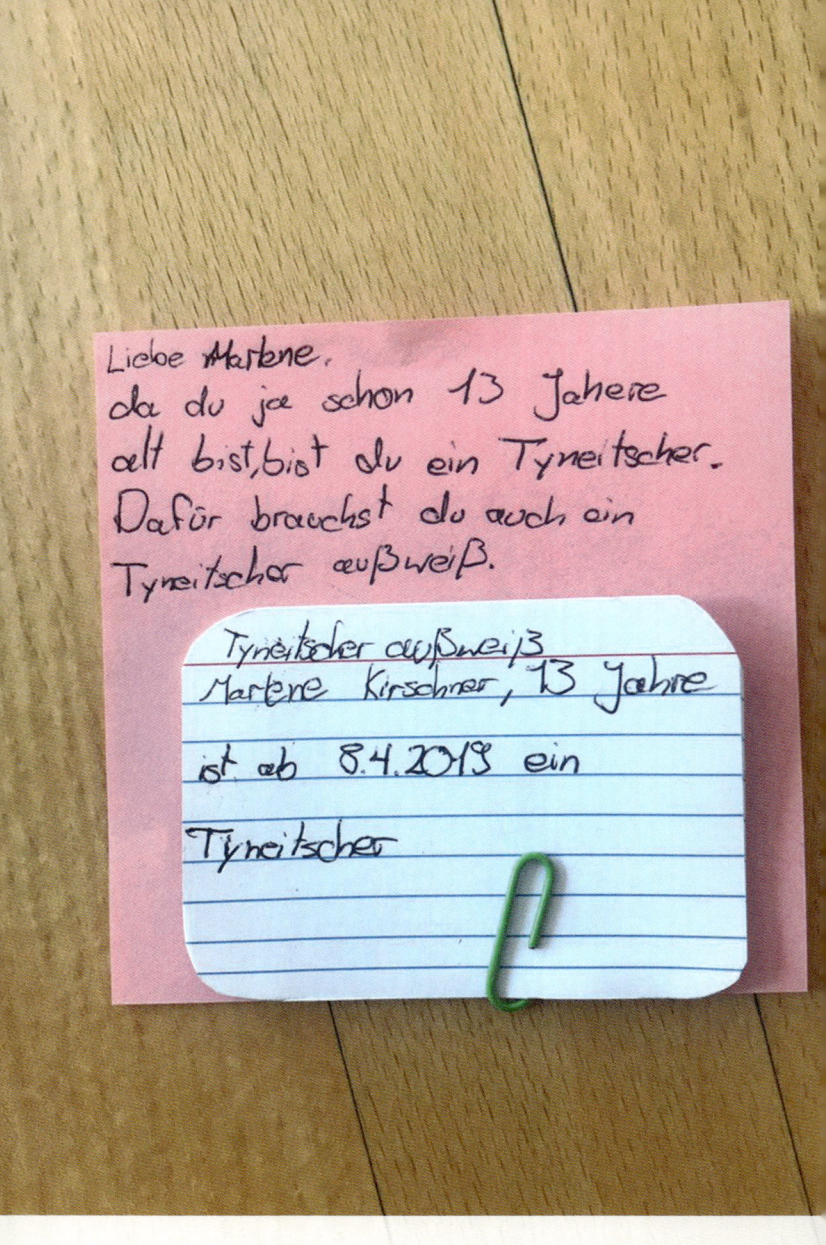

Liebe Marlene,

da du ja schon 13 Jahre alt bist, bist du ein Tyneitscher. Dafür brauchst du auch ein Tyneitscher außweiß.

Tyneitscher außweiß
Marlene Kirschner, 13 Jahre
ist ab 8.4.2019 ein
Tyneitscher

Geburtstagsgeschenk für die große Schwester, David, 8 Jah

Das kann Mama nicht oft genug hören. Amelie, 7 Jahre

Hilfe für den Osterhasen, Julius, 7 Jahre

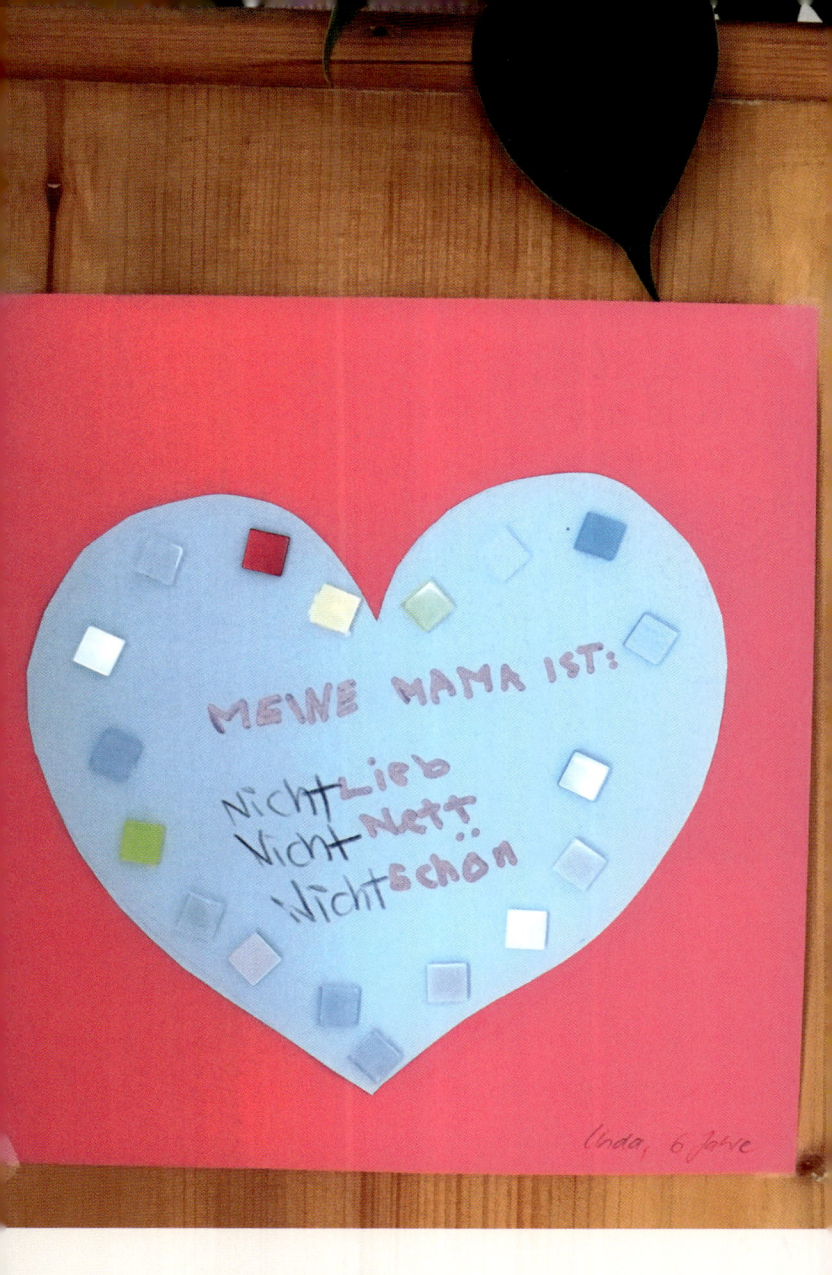

Korrigiertes Muttertagsgeschenk, Linda, 9 Jahre

Liebe Oma, Lieber Opa,

vielen Dank für das Raumschi
und das Pflanzenbuch.
Mir gefällt das Raumschif
besser.

Viele Grüße,

Marc

Marc, 9 Jahre

Gutschein

Ich will für dich

das du mit eine

X-Box

Kauft life

♡ ♡ ♡ ♡

So muss man Gutscheine formulieren. Leo, 9 Jahre

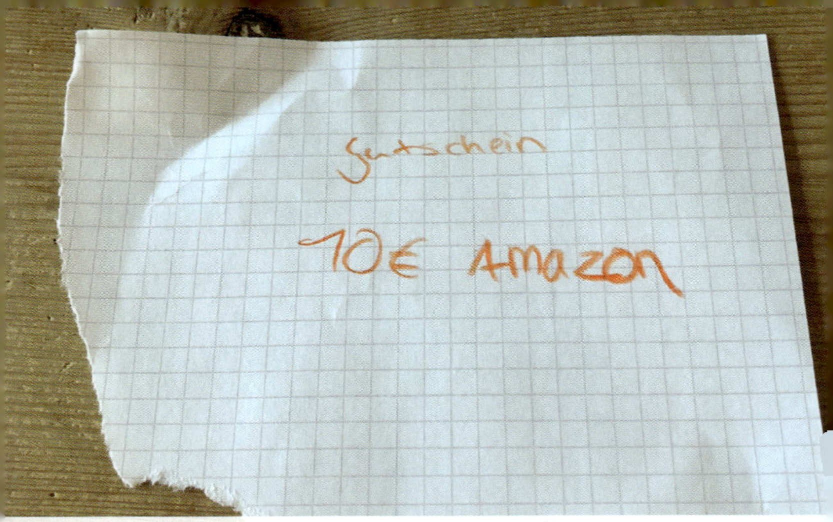

Gutschein

10€ Amazon

Scheut an Mamas Geburtstag weder Kosten noch Mühen
Jan, 12 Jahre

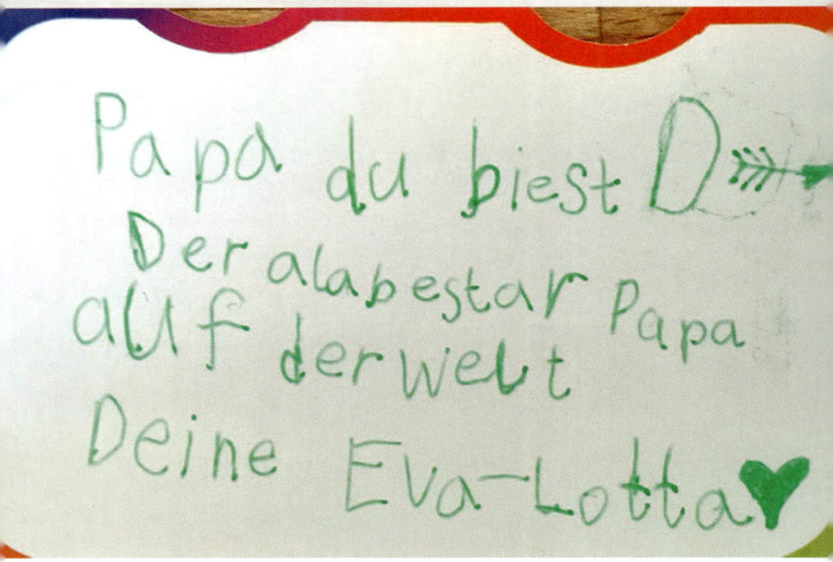

Papa du biest D→
Der alabestar Papa
auf der welt
Deine Eva-Lotta♥

Eva-Lotta, 6 Jahre

ZUM MUTTERTAG

Meine Mama heißt: Birgit

Das kann meine Mama besonders gut:
Sie kann gut waschen.

Im Matsch zu spielen ist klasse, Felix, 5 Jahre

Liebes Kind
Goodschein!

Für 24 Stunden ein
Liebes Kind. Für
Mehr stille können
Sie den Goodschein
Ferlengern nur Für
3£ haben sie mit den
24 dan 48 stundenruhe!

Gut investiertes Geld, Helene, 8 Jahre

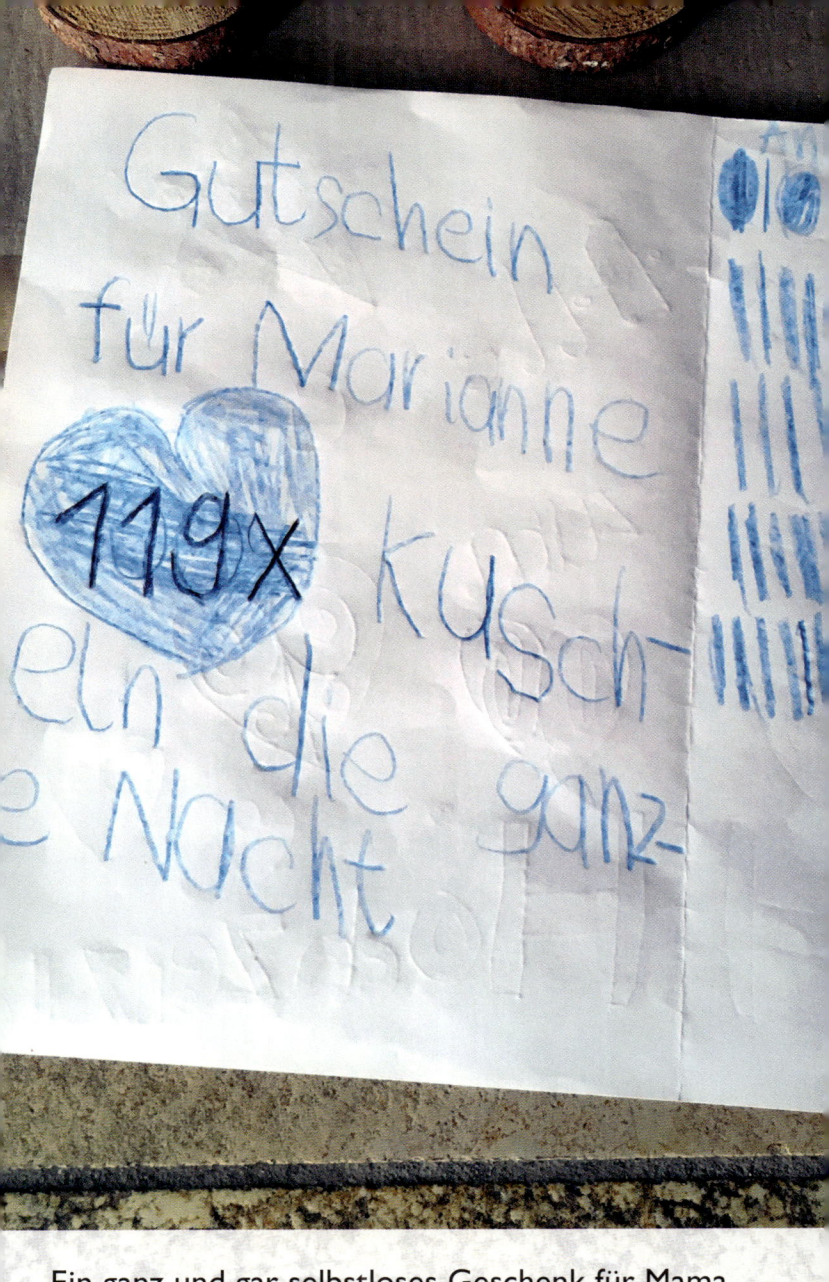

Ein ganz und gar selbstloses Geschenk für Mama,
Theresia, 7 Jahre

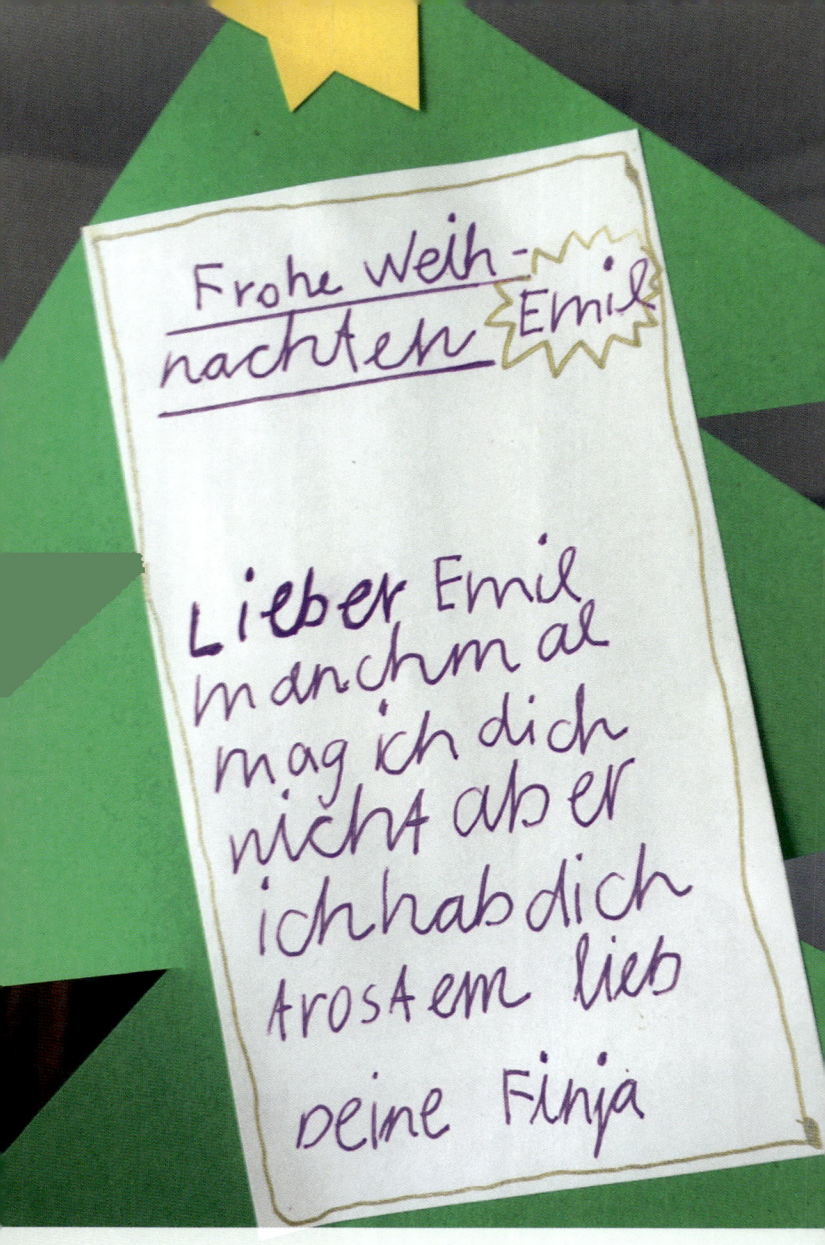

Frohe Weih-
nachten Emil

Lieber Emil
manchmal
mag ich dich
nicht aber
ich hab dich
trosdem lieb

Deine Finja

Klassische Geschwisterbeziehung,
von Emil, 5 Jahre und Finja, 8 Jahre

Gutschein

- für 3x Pickelausdrüken

von
Marie
für
Mama

Gutscheine von Teenies.
Endlich darf Mama Hand anlegen. Marie, 13 Jahre

Libe Mama
Jetzt bist du
schon fast 13
Jahre Mutter
Das Muss man erst
mal Schafen bleib
so wie du bist ich
hoffe das geschonk
gefelt dir hab
dich Lieb Libe
Grüße Sara

Mama ist auch ziemlich geschafft. Sara, 8 Jahre

ich Wünsche dir
alles gute zum Vatertag

S: Da hast 5x5 minuten Graul Gutschein

Gutschein

Gutschein

Hoffentlich wird Papa nicht von Tom, 11 Jahre, vergrault.

HEPI Bösb 'A'

Alina, 6 Jahre

HÄPIBÖFTE

Timora, 9 Jahre

Briefe

Name	Klasse	Datum	Seite
ELIAS H.	bald 2	28.08.	Blatt

1. Bewerbung

2. Hallo Herr Kommandant,

3. ich heiße Elias

4. und bin 7 Jahre alt.

5. Wenn ich groß bin möchte ich

6. Feuerwehrmann werden und

7. bei der Berufsfeuerwehr

8. München arbeiten.

9. Ihr macht echt coole Sachen

10. Ich möchte mich heute

11. Schon um eine Stelle

12. bewerben.

13. Liebe Grüße

14. Elias

VS L BdD PR FF Rspr
IT Branddirektion (KVR-IV) Vorg
VB TB-Nr.: EA
VO VvA
BE Eg 30. Aug. 2019 ZwV
LE Termin zK
UAbt. 1 2 3 4 5
Sg/Fw 1+ 0 1 2 3 4 5 6 7 8 9

Quelle: Berufsfeuerwehr München, Elias, 7 Jahre

LieBe Oma 6 Wochen
SchulFerien
Da Kaman Fiel
Machen.
Zum Beispil
FussBal Schpil
en.
Henri.

Henri, 7 Jahre

Liebe Eltern !

Hollt mich ab aus disen Saftladen ab. Macht Bitte macht schnell. Hihr ist es doff. Unser Unsere Erzieuesin war Wegeschikt nur weil sie mal kurz mit iren Freund weg war. Hiluist es Scheis und Doff. Bitte Macht schnell. Ich fiue mich auf zu hause. Schreib mal

dein Robert

Brief aus dem Ferienlager, Robert, 9 Jahre

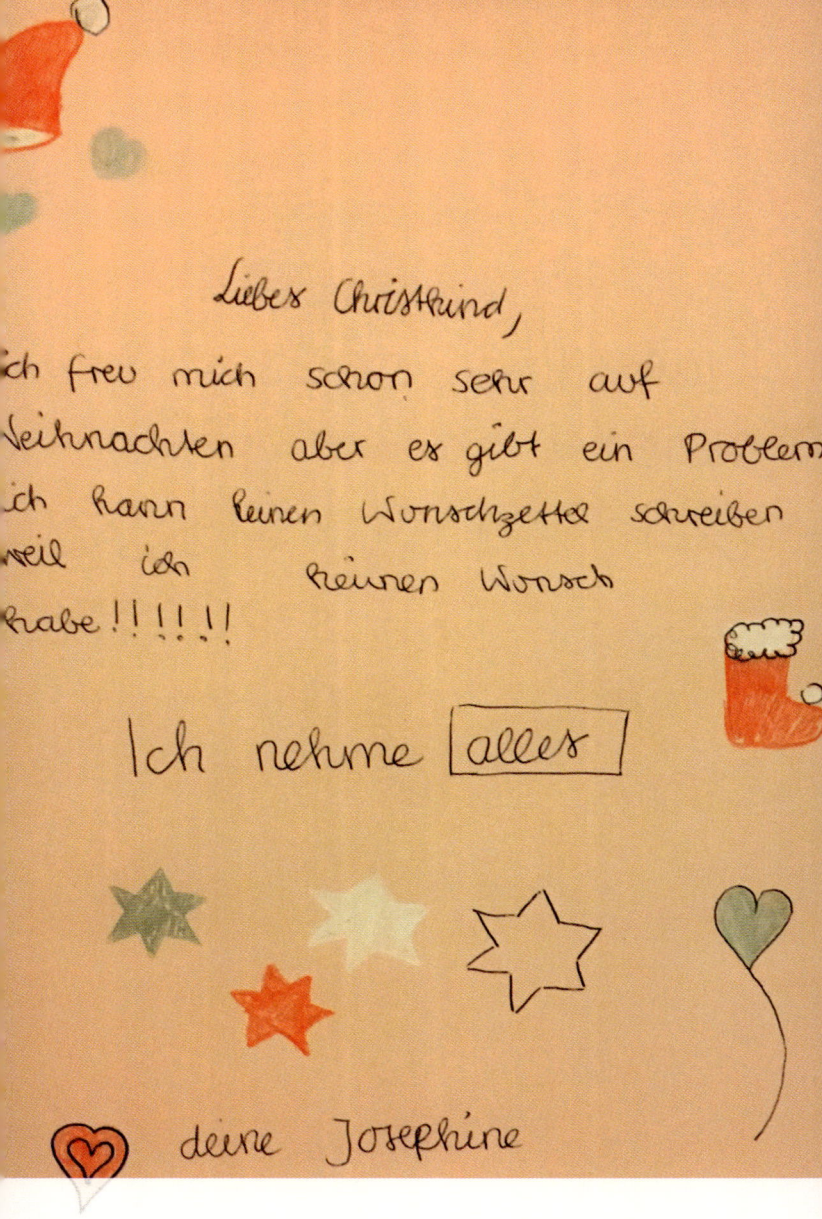

Liebes Christkind,

ich freu mich schon sehr auf Weihnachten aber es gibt ein Problem ich kann keinen Wunschzettel schreiben weil ich keinen Wunsch habe!!!!!!

Ich nehme alles

deine Josephine

Flexibilität ist Trumpf, Josephine, 9 Jahre

Liebe Ilka,
schöne grüße von
der Sparkasse

Sie haben 370.899 €
auf ihrem Konto.
Ihre Sparkasse

Auf diesen Brief hat Mama Ilka schon lange gehofft.
Ella, 9 Jahre

Liebe Zahnfee,

Ich habe am 4. April meinen Zahn in einem Apfel verloren. Heute ist der 19. April. Du schuldest mir 1 Euro. Ich will nicht drängeln aber ich brauche das Geld.

Viele Grüße
Carina

Inkasso bei der Zahnfee, Carina, 8 Jahre

Lieber Florian ♡ ♡?

Deine Sommersprossen sind
perfekt in deinem gesicht.
Willst du mich Heiraten
dann Komme nach der Schule
zum Spielplatz

Ja☐ Nein

♡

Quasi unter der Haube, Sofia, 8 Jahre

Liebe Judit
ich Liebe dich Li[e]
bst du mich auch[?]
one dich macht
mir ganikt Schbas
ich hofe das du
Gesunt beibst und
das du So Beibst
deiner David

Ein Liebesbrief an die Lehrerin, David, 7 Jahre

Liebe Kletto, Lieben Hanness, Liebe ella
Haness Wier haben uns lange nict gesehe
Wen Wien uns Wieder sehen mache
Wier Wieder Kwatsch und wier Leger
ein Furtz Kiezen Unter Astrids
popo und wier Könen auch Wieder mit
deinem Auto faren

Viele Grüße von Levin
und von Krümel und Mörchen!

Hannes   Monster   Levin

Levin, 8 Jahre

Liebe Mama,

du bist heute <u>über</u>streng!
Deshalb möcht ich am Abend nicht mit dir
lesen. Aber wenn du dein Verhalten änderst,
dann überlege ich es mir nochmal.

Gute Nacht,

LUISA

Letzte Chance für Mama! Luisa, 9 Jahre

Lieber Gott
glaubsd du an Glück?
kanst du das Wetter
machn? wen Ja dan bitte
nur Sonne!!

Liebe grüsse: Jana

Das Freibad ruft! Jana, 9 Jahre

Lieber Nikolaus,

jetzt schreib ich dir nochmal aber diesmal für meinen großen Bruder Stefan. Er ist 12 Jahre alt und wünscht sich ein Snowboard.

Gib es ihm bitte nicht !!!

Er ärgert mich dauernd und lügt Oma an damit er Mincraft spielen darf und macht seine Hausaufgaben nicht.

Deine Magdalena

Magdalena, 9 Jahre

Libe Mama
ich habe dich Lieb

ich finde Mich Gut

behandelt beidiv

Dein PauL

Mamas Behandlung ist die beste. Paul, 7 Jahre

Digitale Welt

Patricia, 8 Jahre

Wunschzettel

ein Handy ein gutes Handy nicht
ein schrottes Schrotteil
wenn ich kein Handy krieg will ich des
Geld (150€)

Mehr will ich nicht

Andrea, 13 Jahre

Liebe Marie!
Das ist bisher ein
sehr gemütlicher Sonntag,
findest du nicht
auch? Nach unserem Spazier-
gang werde ich vielleicht
baden. Willst du auch baden,
oder Lieber duschen?
BUSSI Mama

Nö ich
will verns

Marie, 7 Jahre

Für welches Kästchen sich Mama wohl entscheidet?
Livia, 9 Jahre

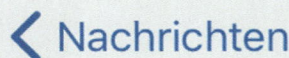

Liebe Mama, jetzt mag
ich dich nur noch
89%
Wieso hast du das
Passwort am IPad
geändert???

😠😠😠😠😠😠😠
😠😠😠😠😠😠😠
😠😠😠😠😠😠😠
😠😠😠😠😠😠😠
😠😠😠😠😠😠😠
😠😠😠😠😠😠😠
😠😠😠😠😠😠😠
😠😠😠😠😠😠😠
😠😠😠😠😠😠😠
😠😠😠😠😠😠😠
😠😠😠😠😠😠😠
😠😠😠😠😠😠😠
😠😠😠😠😠😠😠
😠😠😠😠😠😠😠
😠😠😠😠😠😠😠

Laura, 12 Jahre

Am Samstag
Um 20:15
Kommt
Eis eitsch
auf SAT.1

ei Ice-Age gibt es keinen Kompromiss für Mattis, 7 Jahre.

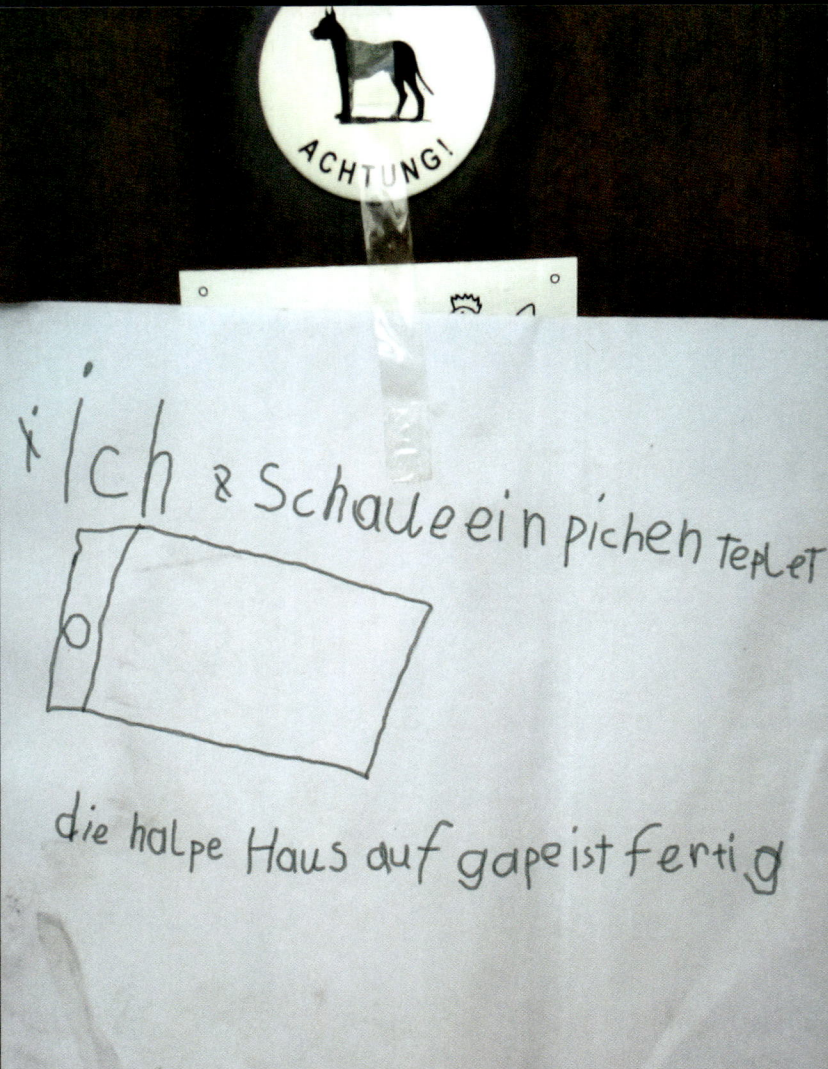

ich & Schaue ein pichen teplet

die halpe Haus auf gape ist fertig

Und ewig lockt das Tablet … Luka, 9 Jahre

...igen sint gefütert n und die A Hömen
uch und für das TeBlet
Bite ein Besere ferschtek aus
Suche Bite nicht Turch Treen
Tanke

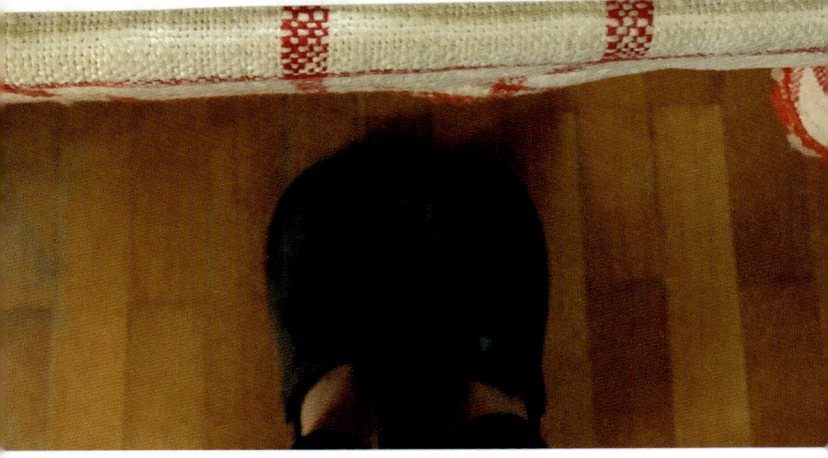

Luka, 9 Jahre

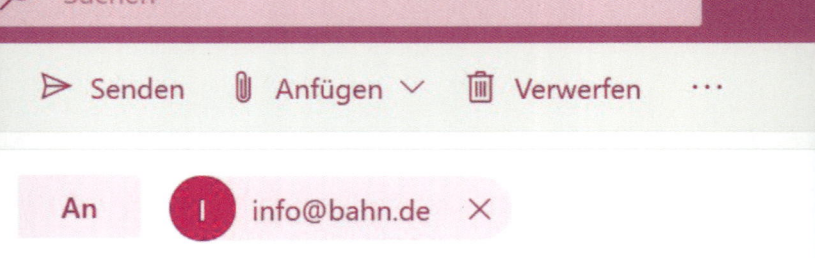

Mein Papa

Liebedeutsche Bahn, ,

mein PApa kommt immer zu spät nachhause.
ICh vermise ihn sehr, weil ermifch nomalerweise ins Bett brir
Könnt ihr ihn bitte bitte rechtzeitig nachhause bringen???

Vielen Dank,
EURE MERLE 🙂

Von Outlook gesendet.

Vielleicht klappts, wenn ich eine E-Mail schicke?
Merle, 9 Jahre

Liebe Mama, lieber Papa,

Ihr erinnert euch bestimmt daran, dass ich in letzter Zeit sehr oft nach Instagram frage. Das hat auch einen Grund, denn ich würde diese App wirklich gerne haben! Ihr seid euch nicht sicher ob das etwas für mich ist, ob ich zu jung dafür bin, ob ich mich zu sehr reinstei- gern würde oder was mit meinen Daten pasirt. Über all diese Dinge werde ich euch in diesem Text auf- klären, und mich mit der Frage beschäftigen, ob ich Instagram be- komme darf oder nicht.

Mein erster Punkt betrifft das Alter. Falls ihr denkt, ich sei zu jung dafür, falsch! Instagram ist für Kinder ab 13 Jahren erlaubt. Ich hätte also schon viel früher fragen können.

Schulthema Argumentation praktisch umgesetzt,
Kim, 14 Jahre

Weiter geht es damit, das ich mich vleicht zu sehr in Dinge reinsteigern würde. Falls ihr glaub ich würde Depressionen bekommen weil ich keine Likes bekomme, ist das nicht so, weil ich nicht mal vorhabe etwas zu posten. Diese Sache hätte sich also schon mal erledigt.

Eure größte Sorge ist aber, was mit meinen Daten pasirt, als habe ich mich mal schlau gemach Bei Whatsapp und Instagram: Gerätetyp und IP-Adresse. Auße dem kann man angeblich auch sehr viel einstellen, was die Priva phäre angeht.

Um euch mal einen Vergleich zu machen: In der Schule und bei meinen Freundinnen wird so v dar über geredet, was jemand g postet hat.

Kim, 14 Jahre

ie reden die ganze Zeit darüber
nd ich habe keine Ahnung, wo-
um es geht. Das ist wie wenn
hr damals nicht mitbekommen
ättet, dass Metallica eine neue
Platte oder Michael Jackson einen
euen Song rausgebracht hat.
Ungefähr in so einer Situation
bin ich. Ihr müsst euch in die
Zeit zurückversetzen, als ihr so
alt wart wie ich und unbedingt
einen Walkman haben wolltet,
aber keinen bekommen
habt.
Liebe Grüße
Kim

Eine neue Instagram-Userin, Kim, 14 Jahre

DANKE

An:

LIBE OMA.   UND OPA

DANKE   FÜR. DEN. AIPOTTATSCH!!!!!

EUER BEN.

Ben, 9 Jahre

Wir fahren jetzt los   15:55

Ich bin daheim! Freu mich auf dich!!!   16:24 ✓✓

Heute

Mama, wann ist heute meine Legopedie? 🦋🌺💚   10:37

Um 15 Uhr 😊   10:39 ✓✓

Weniger reden und mehr spielen. Mathilda, 9 Jahre

Buchstabensalat

LIB MAMA
ICH HAB MICH
SEA GEFROIT

DEINE SARAH
FÜA MAMA

Sarah, 6 Jahre

Julius, 6 Jahre

... and Happiness! Ronja, 10 Jahre

Tilly, 5 Jahre

schön
walntinz Tak ♡

Maja, 6 Jahre

Hat schon viel erlebt, Clarissa, 8 Jahre

mikel schecksen

Google-Suche

Suchanfrage von Nils, 7 Jahre

ine liebste Musik ist von: _Meikeltschexer_

s ist der schönste Film:

in Lieblingsoutfit:

Ebenfalls ein Fan des King of Pop, Liam, 8 Jahre

Mika, 9 Jahre

Marlon, 6 Jahre

Kaufladenmodernisierung, Melissa, 7 Jahre

Gallische Helden sind cool. Julius, 7 Jahre

Hannes, 6 Jahre

ECHFROIMCHAUKDISCHULÄ

Vorfreude ist die schönste Freude. Greta, 5 Jahre

DUPisTDeAPesDeOPa

Liebeserklärung für Fortgeschrittene, Fridolin, 5 Jahre

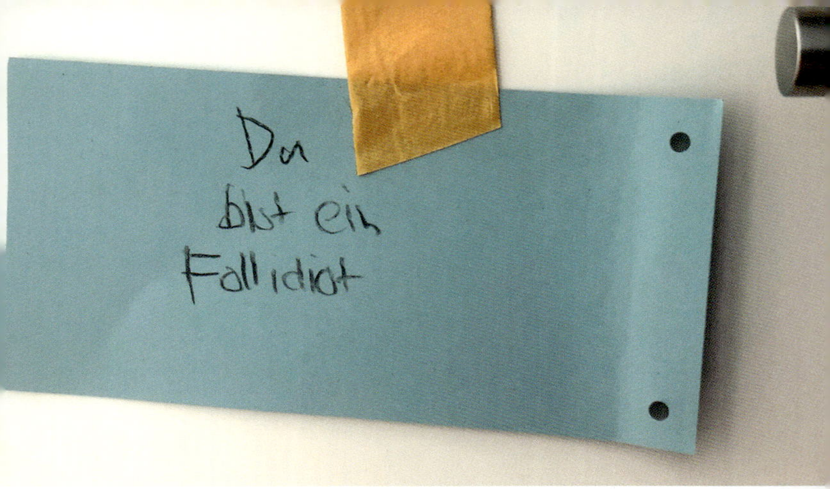

Du
bist ein
Fall idiot

Zimmertürnachricht für den großen Bruder,
Raffael, 8 Jahre

disa bong bon
isd für papa

Merle, 6 Jahre

Zettelwirtschaft

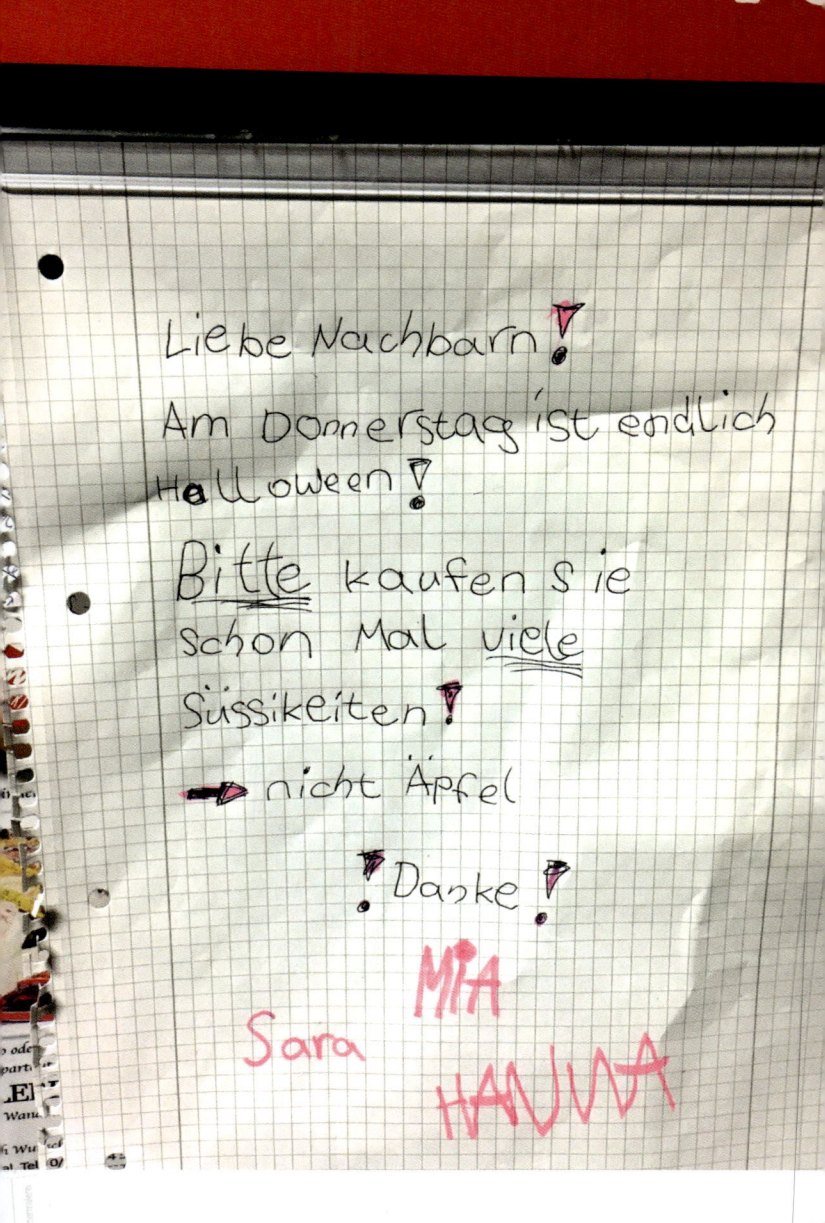

Wichtiger Supermarktaushang, Tübingen

o ein Durcheinander in Petterssons Schuppen! Wie
oll Findus da den Hammer finden? Zeichne ein, welchen
Weg er gehen muss, um zum Hammer zu gelangen.

Macht keine Umwege, Emily, 4 Jahre

Wenn man schüchtern ist, kann man seinen
Frisurwunsch in Zettelform übergeben. Frederic, 7 Jahre

Fleischwunde

Bei einer
Fleischwunde
muss man:

- erst desinviziren

- anschliesend
den verband
anlegen.

- dem Pazienten
ein Gummi
bärchen geben.

Schulsanitäterin, Thalia, 9 Jahre

Umweltbewusstes Kind, Hirschgarten, München

Ich suche Freunde:

LOUISA, 10

Hobbies

• Rollerblades fahren
• malen
• Lego friends
• musik hören

Ruf mich an: _____ -

Geht auch ohne Tinder, Louisa, 10 Jahre

In Corona-Krisenzeiten, Melissa, 10 Jahre

7.8.2016

Große mühe große an-
strengun doch am Ende
Hatz sich alles
geloend vür einen
tollen ausbeig!

Anton
Monika

Gipfelbucheintrag vom Schönberg/Südtirol,
Anton, 10 Jahre

Thema des Monats im März

Was bedeutet Freundschaft?

Ich habe einen guten Freund. Er heißt:

Tom

Wir sind Freunde weil:

Ich ihm eine reingehauen habe und wir uns dann versöhnt haben.

An meinem Freund gefällt mir besonders:

Das, er Fußball mag.

Der Beginn einer echten Männerfreundschaft, Clemens, 9 Jahre

Wo gibt es nur diese Glückskekse?
Sarah, 10 Jahre

Aus die Maus! Cleo, 8 Jahre

Danksagung

Dieses Buch ist eine Gemeinschaftsproduktion. Über 1000 Kinder, Mütter, Väter, Großeltern, Erzieher und Erzieherinnen, Lehrer und Lehrerinnen haben sich an der Produktion beteiligt und mit ihren schönen, bunten und lustigen Beiträgen dieses Zettelwerk entstehen lassen. Wir danken allen ganz herzlich.

Cordula Weidenbach und Sabine Rottmann